Mídia training

Capacitação das fontes de notícias

Dados Internacionais de Catalogação na Publicação (CIP)
(Câmara Brasileira do Livro, SP, Brasil)

SCHMITZ, Aldo
   Mídia training: capacitação das fontes de notícias / Aldo Schmitz. -
Florianópolis: Combook, 2019.

   Bibliografia
   ISBN 978-85-909841-6-0

   1. Media training   2. Fontes jornalísticas   3. Notícias jornalísticas
   4. Manuais e guias   I. Título

10-12060   CDD-070.5

Índice para catálogo sistemático:

   1. Mídia training: capacitação das fontes de notícias 070.5

combook.
EDITORA DA COMUNICAÇÃO
Rua Luiz Elias Daux, 1140 – Ingleses—88058-512 Florianópolis, SC
(48) 99164-2497 – combook.com.br

Sumário

Introdução

As organizações e personalidades que ignoram os meios de comunicação, inclusive a mídia digital, podem até sobreviver algum tempo sem que grandes problemas ou crises afetem suas atividades, mas estão em posição de extrema vulnerabilidade de sua imagem e reputação.

Essa atitude se torna cada vez mais arriscada e menos comum.

A mídia gera conteúdos que influenciam comportamentos e atitudes do público.

É o espaço do controverso, da confrontação de ideias, variedade de opiniões e multiplicidade de interesses, envolvendo acordos e conflitos inevitáveis, porque a interação é interessada.

O melhor que uma fonte pode fazer é estar preparada para estabelecer relações adequadas com jornalistas, principalmente em entrevistas, quando se proveem informações e se exerce influência sobre temas e fatos.

Essa preparação passa pelo entendimento da cultura da mídia e dos jornalistas, que têm uma maneira peculiar de ser e trabalhar.

Prestar informações de interesse do público deixou de ser uma obrigação. Trata-se de uma estratégia e que segue um processo de comunicação integrada.

Afinal, são as informações que formam a opinião pública, orientam o público, enfim, movimentam a sociedade.

Para produzir seus conteúdos, os jornalistas precisam de personagens, citações, exemplos, dados e imagens.

Sem fonte não existe a notícia.

Quase sempre os jornalistas agem de forma independente, às vezes contrariando os interesses, ideias e propósitos das organizações e das fontes.

A maneira como se trata um repórter reflete o tratamento que se dá aos demais públicos. Isso, a opinião pública percebe facilmente e faz o seu juízo de valor.

Por isso, para se relacionar adequadamente com a mídia exige preparação e atualização, tanto para atender as suas solicitações, quanto para tomar a iniciativa na divulgação.

Parece uma tarefa fácil, mas não é.

As fontes possuem perfis e atuam em áreas diferentes.

Também os jornalistas têm experiências, características e formas diversas de obter e divulgar as informações.

A relação amistosa com a mídia começa pela compreensão de suas necessidades e limites.

Exige alguns cuidados e atitudes que contribuam para uma comunicação uniforme e alinhada com os propósitos da organização.

Carece também de um fluxo dinâmico e constante de informações para atender as expectativas de seus públicos e da sociedade.

Requer da fonte a capacidade de ser simples, franco, claro, direto e objetivo para alcançar sucesso na exposição de suas ideias.

Portanto, a relação com a mídia não é tarefa para amadores. Ela é altamente profissional e exige a mesma contrapartida das organizações.

Enfim, este livro oferece um ponto de vista abrangente sobre o relacionamento dinâmico entre as fontes de notícias e a mídia.

É resultado da experiência de 30 anos do autor como repórter, assessor de imprensa e gestor da comunicação, além de ministrante de *workshops* e palestras de mídia *training* desde 1999.

Esta obra pretende ser um instrumento de apoio a quem está em constante contato com mídia.

Oferece dicas e orientações – e não regras – para uma convivência produtiva e que resulte em exposição positiva na mídia.

Relações com a mídia

O relacionamento com a mídia ocorre basicamente nas ações das fontes e assessores de imprensa com os profissionais que atuam nos meios de comunicação.

Trata-se de uma interação, uma troca.

O jornalista depende de informação atual, objetiva e correta e a organização ou a fonte, da divulgação.

Por isso essa relação é pautada pelo respeito e conhecimento mútuo.

Foi-se o tempo que relacionamento com a mídia se resumia aos bons contatos que o assessor ou a organização mantinha com os veículos ou jornalistas.

As relações com a mídia exigem profissionais capacitados para atuar de forma estratégica, capazes de agregar valor à organização e colaborar com a mídia.

Afinal, a mídia é o setor mais influente e de maior visibilidade da opinião pública.

Os relacionamentos com os públicos apresentam-se como um desafio, pois eles não compartilham das mesmas perspectivas nem dos mesmos interesses.

Lidar com a mídia é manter o equilíbrio entre os interesses dela e os das organizações, valorizando o que é notícia do ponto de vista jornalístico.

São inúmeras as transformações do mercado jornalístico, notadamente com a crescente influência das mídias digitais, segmentação dos veículos e uso de múltiplas plataformas.

Segundo Wilson da Costa Bueno (2014), a mídia "exige uma 'cultura' particular em virtude de seu sistema próprio de produção".

Há ainda um "sistema concorrencial", pois as mídias recebem, ao mesmo tempo, conteúdo de organizações concorrentes, provocando uma escassez de espaço e muita informação.

Comunicação estratégica

A comunicação tem o objetivo de construir, preservar e fortalecer a imagem e a reputação de uma organização ou personalidade perante seus públicos e a sociedade.

Trata-se de um "conjunto integrado de ações, estratégias, planos, políticas e produtos planejados e desenvolvidos por uma organização para estabelecer a relação permanente e sistemática com todos os públicos de interesse", ensina Bueno.

Estes são atributos de valor incalculável, que dependem da competência em interagir com as novas demandas, pois a competição não é somente em produtos e serviços, mas principalmente em identidade, imagem e reputação.

Nas relações com a mídia, os conteúdos seguem a linguagem jornalística e as relações com a imprensa primam pela credibilidade. Ambos exigem correção e relevância das informações.

Enfim, o propósito da comunicação é criar e manter um fluxo constante de informação e influência recíproca entre a fonte, seus públicos de interesse e a sociedade em geral.

A estratégia da comunicação segue as diretrizes de uma organização. Isto é, está em consonância com os seus princípios, missão, visão, valores, objetivos, metas etc.

Além de estratégica, a comunicação deve ser integrada.

Isso significa desenvolver atividades de comunicação articuladas e em rede, para garantir a uniformidade das informações.

No mundo da notícia tudo é urgente, rápido: a informação certa na hora certa. Quando o jornalista consulta sobre um tema ou solicita informações, deve ser atendido prontamente. É prioridade!

Outro quesito é a transparência, isto é, oferecer acesso rápido às informações tornou-se a regra e o sigilo, a exceção.

Transparência ativa vai além da mera disponibilização de dados, mas também pelo efetivo diálogo.

A presença positiva, moderada e equilibrada no espaço editorial confere credibilidade e a admiração da sociedade.

Identidade, imagem e reputação

As organizações e personalidades atuam em um cenário cada vez mais complexo, onde concorrem em imagem e reputação.

Afinal, o público "compra" confiança. O paciente confia ou não no médico. O cidadão contribui confiando no serviço público. O consumidor confia no que compra etc.

Defender e zelar por imagens e reputações significa gerenciar a confiança do público por marcas, instituições, carreiras.

A mídia não é o fim em si mesmo. Ela é o meio, um veículo que leva ideias e percepções ao público de interesse e à sociedade.

Também pode levar uma versão equivocada e distorcida dos fatos, notadamente quando não se previnem as crises.

Isso exige ações comunicativas alinhadas aos objetivos estratégicos, que incluem um relacionamento hábil com a mídia.

Essa competência é, cada vez mais, desenvolvida por organizações inteligentes, que se utilizam da gestão do conhecimento para criar, codificar e disseminar um processo estratégico de comunicação com seus públicos, aí inseridos os jornalistas.

Nisso, estão envolvidos três conceitos distintos e, igualmente, interligados. Um deles é a *identidade*.

Segundo Bueno refere-se à "personalidade" da organização e está associada à cultura e ao processo de gestão. Mas, não se pode confundir com "identidade visual ou da marca gráfica".

Na identidade se incluem os produtos, serviços, a forma de relacionamento com os públicos, a história, a trajetória e seus canais de comunicação. Enfim, trata-se do que a organização é, o que faz e o que diz.

Portanto, diz respeito a um conjunto de atributos, seu DNA, que tornam uma organização ou personalidade única e diferente de todas as outras.

Outro conceito, a *imagem*, representa as "percepções que estão na cabeça dos públicos ou das pessoas individualmente, formadas pelo contato direto ou indireto" de satisfação com a organização ou personalidade, explica Bueno.

Por se tratar de experiências, visões, informações e influências de terceiros, aí incluída a mídia, essas percepções podem ser mentais, afetivas, superficiais, incompletas ou equivocadas.

Assim, "é justo e apropriado admitir que uma organização, quase sempre, tem várias imagens" perceptuais, que nem sempre refletem o que realmente ela é.

Por isso fala-se em "imagem pretendida ou projetada", "imagem real" e "autoimagem". A primeira refere-se como uma organização gostaria de ser percebida pelo público.

A imagem real é aquela que se tem da organização ou personalidade, efetivamente, e a autoimagem é como ela se vê e está ligada à autoestima.

E finalmente, a *reputação*, uma representação consolidada, amadurecida, aprofundada, nítida e intensa.

Resulta de vivências, conhecimentos e experiências.

Uma imagem constrói-se com certa facilidade, mas a reputação resulta de uma interação intensa, relações constantes e de longo prazo.

Para Bueno, "quando tenho uma imagem de uma organização ou personalidade, eu *acho* que ela é, eu *sinto* que ela é ou representa alguma coisa; quando compartilho a reputação, eu *sei*, eu *tenho certeza* sobre o que ela é ou representa".

Ainda segundo o autor, a imagem é algo que se sente na pele e a reputação como aquilo que se sente na alma.

Portanto, uma configuração mental, formada por juízos lógicos, opiniões, convicções e crenças consolidadas.

Assim, reputação torna-se um ativo, um patrimônio intangível valioso, uma vantagem competitiva, que necessita de zelo para que se mantenha positiva, inclusive como lastro em uma eventual crise.

Ter uma imagem positiva e uma reputação ilibada cria vínculos aos bons temas tratados na mídia e condições favoráveis para construir paulatinamente a sua credibilidade e ganhar a confiança dos jornalistas.

Daí a necessidade de desenvolver ações contínuas, estruturadas e planejadas, numa relação de mão dupla com a mídia.

Afinal, a volatilidade da opinião pública, em parte, está relacionada ao que a mídia veicula, de forma favorável ou contrária, podendo levar uma organização à perda ou ganho de credibilidade.

Por isso, a importância em entabular diálogos e relações que incluem a mídia, desenvolvendo uma gestão de identidade, imagem e reputação.

Essa relação pode extrapolar para o *spin*, que é influenciar para que as falas, os enfoques e os interesses sejam reproduzidos literalmente pelos meios de comunicação.

A expressão inglesa *spin doctor* significa "doutor em engano" ou "manipulador de opinião", ou seja, alguém capaz de transmitir a notícia pelo ângulo mais favorável possível..

A função do *spin* é controlar os danos, maquilar a realidade, produzir percepções, manipular cognições e guiar atitudes do público para amenizar uma crise ou fato negativo.

Sem recorrer à prática do *spin*, mesmo que a pauta não seja favorável, quem mantém uma relação transparente e constante com a mídia consegue o seu espaço de defesa, amenizando os impactos negativos perante a opinião pública.

Assessoria de imprensa

Uma organização moderna não depende apenas dos profissionais de comunicação, mas de todos os seus integrantes, notadamente de seus interlocutores, para se comunicar.

A assessoria de imprensa, por sua vez, coordena o relacionamento com a mídia e produz conteúdos jornalísticos de interesse da organização e esperados pelos públicos.

Estrategicamente, ela reproduz em suas atividades os principais valores e fundamentos do jornalismo, zelando permanentemente pela verdade e pela fidelidade aos fatos.

"A assessoria de imprensa deixou de ser uma ferramenta isolada, tática, e passou a ser uma ferramenta poderosa, estratégica, integrando-se aos esforços gerais e planejados de comunicação das organizações", verificam Eduardo Ribeiro e Gisele Lorenzetti (2018).

Por isso, a nossa pesquisa mostra que a assessoria de imprensa é estratégica para a organização que assessora (91%), contribui para o desempenho das fontes (94%), favorece que elas produzam e forneçam os fatos (91%).

Ainda de acordo com o estudo, a assessoria de imprensa torna as fontes mais éticas e transparentes (83%), dotando a comunicação de maior e melhor conteúdo.

Essa situação vem provocando um efeito colateral na mídia, quando se antecipa às rotinas e práticas jornalísticas, para 89% dos entrevistados.

Assim, promove-se a comodidade dos jornalistas (61%), que publicam parcialmente ou na íntegra os *releases* (88%).

Esse fenômeno também é creditado à falta de investimentos nas redações, pois a atual cobertura jornalística, com exceções, aproveita na íntegra, não apenas como sugestão das fontes.

Conforme o estudo, os assessores são considerados parceiros autênticos dos jornalistas, mesmo que estejam comprometidos com seus assessorados.

Ainda que se repute uma incompatibilidade nisso, os profissionais nas redações indicam que os colegas assessores colaboram com seu trabalho (72%).

Mesmo que não concebam o *release* por e-mail um *spam*, reclamam das assessorias pelo envio de muito material inútil (65%), remetido sem critério nem filtro.

Outra queixa dos jornalistas (84%) são as ligações no horário de fechamento (*deadline*).

Mas também reconhecem as competências dos assessores que agem como parceiros (62%), quando viabilizam o contato e as entrevistas com as fontes(65%), sendo ágeis nas respostas, e principalmente quando dominam o assunto em pauta (86%).

Mas nem sempre ocorre o domínio da pauta. Isso indica que, em certos casos, os assessores enviam textos para a mídia sobre assuntos dos quais não entendem.

Outro equívoco dos assessores, apontado pelos jornalistas (57%), é pedir aquela "forcinha" para publicar o *release* por ser "muito importante".

E, o pior, sob o argumento de que "se não sair a notícia perco o cliente ou o emprego" e outras chantagens usadas para vender o "peixe" do cliente, principalmente quando não é "peixe fresco".

Obviamente, o assessor defende os interesses da fonte, e recebe por isso, mas certamente há estratégias mais eficientes.

Atribuições

Atualmente a assessoria de imprensa é um dos compostos da comunicação, ainda que se mantenha como o principal serviço em departamentos e agências de comunicação.

A atividade não se restringe à produção e distribuição de *releases*, notas e sugestões de pauta, mas agrega outros procedimentos.

Ela elabora políticas de comunicação e planos de divulgação; faz a gestão das relações das fontes com a mídia e o gerenciamento de crises.

Ainda mantém as salas de imprensa on-line, monitora as informações (*clipping*), mensura resultados de presença na mídia e capacita as fontes (mídia *training*).

Uma das principais ferramentas utilizadas pela assessoria é o *release*.

Trata-se de um texto em linguagem jornalística distribuído simultaneamente aos veículos de comunicação ou editorias relacionadas ao assunto tratado. O *release* é tema do item a seguir.

Além desse instrumento, a assessoria gera sugestões de pauta para despertar o interesse dos veículos para a cobertura de um determinado assunto ou fato.

Produz e distribuir notas, que são pequena notícia ou comentário exclusivo ou diferenciado enviado à coluna de jornal, revista ou ao rádio e à televisão.

Também provoca e coordena entrevista individual, promovendo o contato pessoal entre o repórter e a fonte. Pode ser presencial, por telefone ou internet.

Nas entrevistas coletivas, reúne os jornalistas de vários veículos para divulgar um fato relevante ou minimizar alguma crise.

Dentro de suas competências, cabe à assessoria de imprensa a identificação do que é notícia e as oportunidades de divulgação.

Também facilita o fluxo de informações, aproximando jornalistas e fontes.

Ainda, a assessoria coleta os materiais e identifica as fontes adequadas para suprir a demanda dos veículos por determinadas informações.

Aciona fontes para o fornecimento de dados para atender a demanda da imprensa.

Acompanha e assessora as fontes e os porta-vozes em eventos e entrevistas.

Organiza e coordena pré-entrevistas, antecipando informações ao entrevistado e ao entrevistador.

Release

O principal instrumento utilizado pela assessoria de imprensa nas relações com a mídia continua sendo o *release*.

Havia um tempo em que não passava de propaganda disfarçada, pois chegava às redações via departamento comercial dos jornais e atendia às vaidades dos anunciantes.

Esse modelo prevaleceu durante os 20 anos do regime autoritário de governo no Brasil, a partir de 1964.

Nessa época houve uma proliferação de assessorias governamentais e a busca da informação começou a se inverter, ou seja, ao invés do repórter ir diretamente à fonte, ela passou a distribuir as notícias.

Diferente, nos EUA e Europa o *release* apresenta-se como um complemento de informações, um roteiro sem os atributos de um texto jornalístico e distribuído durante as entrevistas para facilitar o trabalho dos repórteres.

No caso brasileiro, principalmente a partir de meados da década de 1980, ele é redigido com todos os requintes de uma notícia, pronto para publicar.

Esse modelo de *release* é de grande valia para os meios de comunicação que não dispõem de estrutura para a produção do noticiário.

Portanto, "mesmo sendo um instrumento de comunicação unidirecional, oficial, formal, vulgar, dependendo de seu conteúdo e circunstâncias de envio, pode ser muito bem-vindo em uma redação", verifica Jorge Duarte (2018).

Cada editoria ou mídia decide o seu aproveitamento ou não, em parte ou na íntegra.

O veículo não informa ao público a origem (*release*) nem a autoria (assessor), embora alguns "jornalistas" assinem a matéria que não produziram.

Isso porque, ao publicar o *release*, o jornalista e o veículo assumem e avaliam as suas informações.

Trava-se uma guerra entre assessorias, disparando *releases* para todos os lados, na luta pela conquistar espaços.

Por isso se torna importante saber quando os jornalistas aproveitam os *releases*.

Segundo a nossa pesquisa, os editores selecionam aquela mensagem com o nome da fonte (52%), que é personalizada, exclusiva, e não enviada a esmo (77%), por isso a importância do uso criterioso das listagens (*mailings*).

Também selecionam o e-mail do *release* em que o nome do assessor aparece como remetente (48%), daí a necessidade de uma relação contínua e de confiança.

Além das apurações que fazem, os jornalistas recebem dezenas, centenas de *releases* e precisam selecionar o que será aproveitado.

Por isso, muitos assessores fazem o *folow up*, para alertar e ampliar a pauta, ainda que se desaprove (43%).

Um dos maiores equívocos é cobrar da assessoria de imprensa soluções para problemas de marketing.

O espaço editorial, onde se veiculam as notícias, não é domínio das assessorias, mas dos jornalistas, que decidem o que publicar ou não.

Engana-se quem pretende manter uma assessoria de imprensa como forma barata de fazer publicidade.

Nos veículos de comunicação sérios e éticos, não existe a dependência ou vínculo entre o comercial (anúncio) e a redação (editorial).

No espaço editorial, a intermediação é da assessoria de imprensa. Não é pago. Mas, são os editores que determinam o espaço, o destaque, o momento e a mensagem.

A fonte fornece as informações e não controla o resultado.

Um anúncio, ao contrário, é intermediado pela agência de propaganda, onde se paga pelo espaço e a organização determina e controla todo o processo, até a publicação.

Jornalistas em assessorias

A assessoria de imprensa é uma tarefa típica de relações públicas e não de jornalismo.

Mas, a vinculação profissional dos jornalistas à assessoria decorre de um acordo firmado, em 1983, entre Vera Giangrande, que presidia o Conselho Nacional de Profissionais de Relações Públicas (Conrerp), e Audálio Dantas, na época presidente da Federação Nacional dos Jornalistas (Fenaj).

Pelo acordo, a área de relações públicas aceitava ceder aos jornalistas a reserva de mercado da assessoria de imprensa.

A partir disso, somado ao enxugamento das redações e ao grande número de recém-formados, os jornalistas começaram a migrar e predominar nas assessorias de imprensa.

No serviço público, passou-se a exigir nos concursos o título de jornalista para a função.

Conforme dados da Associação Nacional dos Jornais, 58% dos jornalistas formados no Brasil atuam fora da mídia, e no setor público, eles representam 82%.

Mas há um debate inconcluso: quem atua em assessoria de imprensa continua jornalista?

A maioria dos jornalistas que atua na mídia afirmam que "não".

De outro, 83% dos assessores de imprensa se consideram "jornalistas" e se apegam ao fato de que os processos e procedimentos são praticamente iguais e seguem o mesmo código de ética.

No mercado, a preferência é por graduados em jornalismo, com passagem pelas redações e por aqueles que dominam as técnicas e rotinas jornalísticas.

Em outros países, notadamente na Europa, ocorre um fenômeno semelhante.

Na Espanha as organizações também preferem assessores com experiência na mídia.

Igualmente na França há mais jornalistas em assessoria de imprensa do que nas redações.

Em países como EUA, Rússia, Polônia, Alemanha, Reino Unido, Holanda e Suécia a atividade é entendida como uma função de relações públicas.

Em Portugal é considerada "incompatível com o jornalismo", onde o jornalista, quanto passa para a assessoria, suspende o seu registro.

As questões éticas

Os objetivos das fontes de notícias e dos jornalistas não são exatamente os mesmos, embora um dependa do outro.

Tanto um, quanto o outro tem interesses próprios.

Assim, a confrontação da ética das fontes com a deontologia dos jornalistas é suficientemente complexos para justificar uma reflexão.

A quem o jornalista presta contas?

Primordialmente à empresa jornalística que atua, mas também às fontes, ao seu público, à opinião pública, às normas deontológicas, às suas convicções e à sociedade como um todo.

E a fonte, a quem responde?

Afinal, ela detém uma posição social, desempenha um papel, sendo investida de uma representatividade para a organização, grupo social, especialidade etc.

Portanto, na posição de representante, a sua responsabilidade está na consequência do que diz ou faz, respondendo primeiramente a quem representa, pela imagem que transmite e reputação que forma, e segundo, ao seu público e à sociedade em geral.

Max Weber ocupou-se disso na palestra que proferiu em 1919, na Universidade de Munique, indicando que uma ação ética ajusta-se a duas orientações ou responsabilidades, que diferem entre si: a convicção e a consequência.

A primeira se fixa nos princípios e tem caráter deontológico.

Regula-se por normas e valores aplicados à prática profissional, independentemente das consequências que possa provocar.

Refere-se à ética do dever, quando se está absolutamente convicto sobre algo. Trata-se do compromisso com a verdade jornalística, objetividade etc.

Ao contrário da ética tradicional, não segue a cartilha do certo e do errado, mas a ponderação de um caráter incorporado por alguém.

Ou seja, uma ação bem-intencionada pode produzir consequências desastrosas, mas isto não é responsabilidade do jornalista e sim das evidências que não se confirmaram ou dos equívocos das fontes.

Já a ética da responsabilidade relaciona um fato à causa final, tem caráter teleológico.

Centra-se nas consequências, nos resultados, na avaliação dos riscos.

Embora o jornalista seja responsável pelo conteúdo e reflexo fiel dos fatos, ele não se guia pela responsabilidade das consequências.

Tome-se o caso da Escola Base, em que os jornalistas, convictos de uma ocorrência de pedofilia e movidos pelo sensacionalismo, provocaram a depredação e saque da escola, prisão dos donos e degradação de suas vidas e de crianças, em março de 1994.

Ao final, provou-se que a denúncia não tinha fundamento e somente as empresas de mídia – *Folha de S. Paulo*, *IstoÉ*, *O Estado de S. Paulo* e TV Globo –, após 14 anos, foram condenadas a pagar indenizações às vítimas.

Mas os jornalistas não foram responsabilizados por isso. Então, confirma-se o que disse Weber: "a responsabilidade pelas consequências não cabe a mim, mas a quem eu presto os serviços".

Do ponto de vista do jornalismo há de se diferenciar os conceitos de "responsabilidade" e "responsabilização".

Em princípio, o jornalista é responsável pelo que divulga, mas raramente responsabilizado pelo que faz de errado.

Isto é, a sua responsabilidade esgota-se ao revelar o que considera verdadeiro, por isso não condiciona a veiculação de uma verdade relevante às possíveis consequências, ainda que saiba quais sejam os efeitos.

Enfim, o jornalista exerce uma função pública, para a qual não foi eleito, servindo simultaneamente aos interesses públicos e à organização privada que vende a notícia e gera lucros.

Há, inclusive, quem defenda a eleição para jornalista. Embora pareça estranho, mas há um mandato constituído por um contrato social tácito, que legitima e delega ao jornalista a tarefa de representar o público perante os diversos poderes, para que estes prestem contas à sociedade.

Igualmente os meios de comunicação assumem responsabilidades públicas na distribuição social da informação, mas põem-se a serviço do seu público, pois dele buscam audiência e lastro para o seu espaço publicitário.

Já a fonte segue a ética das consequências e a sua responsabilidade está vinculada ao resultado do que informa ou não.

Ela segue um modo singular de dizer, com base nos seus interesses, não necessariamente na verdade, mas no que acredita.

Fala positivamente de si e, eventualmente, de forma negativa ou neutra de outrem, para validar o que comunica.

As organizações estão continuadamente expostas às questões éticas e sociais advindas de suas decisões.

Respondem pela degradação do meio ambiente, produtos nocivos à saúde, propaganda enganosa, atendimento ao público, corrupção, desempenho econômico e financeiro etc.

Afinal, não competem apenas pelo mercado, mas também para conquistar uma boa imagem e reputação.

Códigos de ética

Há uma confrontação entre deontologia dos jornalistas e os códigos de ética dos meios de comunicação e das fontes de notícias e suas estruturas de comunicação.

No Brasil, os códigos deontológicos concorrem com os códigos de ética e de autorregulamentação das entidades patronais e os manuais de redação dos meios de comunicação.

Entre eles, o código de ética dos jornalistas brasileiros, reformulado pela Federação Nacional dos Jornalistas (Fenaj) em 2008, trata do direito à informação, conduta e responsabilidade do jornalista e relações profissionais.

As organizações midiáticas contemporâneas arrogam a si a prerrogativa de criar suas próprias leis, as autorregulamentações, a exemplo do propósito da Associação Nacional de Jornais (ANJ), em evolver o seu código de ética.

O código de ética da radiodifusão, da Associação Brasileira de Emissoras de Rádio e Televisão (Abert) avança na definição da programação, publicidade e noticiário, bem como nas normas de conduta.

Também a Associação Brasileira de Agências de Comunicação (Abracom) instituiu em 2004 o seu código, comprometendo-se a respeitar os códigos de conduta dos jornalistas e da imprensa, obrigando-se a não "disseminar informações falsas, enganosas ou que não possam ser comprovadas por meio de fatos conhecidos e demonstráveis".

Esse código também veta formas de abordagem aos jornalistas que comprometam a atividade de assessoria de imprensa.

As organizações privadas, pressionadas pela economia de mercado, são impelidas ao diálogo com todos os seus públicos, a partir de um relacionamento ético e transparente, incluído os meios de comunicação, para criar processos de formação de imagem e de manutenção de reputação.

A governança corporativa impõe às empresas a adoção de princípios éticos em seus negócios.

Inspiradas na lei Sarbanes-Oxley, editada pelo governo norte-americano em 2002, as empresas estão empenhadas em prestar contas, incluindo a obrigação de informar e explicar suas ações, decisões e políticas implementadas.

No serviço público, a Lei de Acesso à Informação (Lei nº 12.527, de 18/11/2011) garante ao cidadão, e consequentemene ao jornalista, o direito à informação.

Isso exige, das fontes públicas, transparência e o dever de atender a mídia.

Também os principais meios de comunicação buscam legitimar o seu discurso, editando seus manuais de ética, redação e estilo, alguns transformados em livros, em que a parte ética e deontológica ocupa pouco espaço.

Outra figura fiscalizadora, que se intitula defensor do público nos meios de comunicação, é o *ombudsman*.

Ele observa e critica as falhas de sua organização e de outros veículos, pondo-se no lugar do público e das fontes, de quem recebe e analisa as queixas.

A par dessas ferramentas, a própria sociedade e os observatórios de mídia vigiam os jornalistas, os meios de comunicação e as fontes, reagindo ao noticiário com uma visão cada vez mais crítica.

Tantas leis, códigos, regras e manuais podem asfixiar os jornalistas e as fontes. Mas o jornal *O Globo* considera que "ética não é mordaça. O que ela pede não é menos notícia, mas melhor notícia".

Conflitos e acordos

O jornalismo vale-se dos conflitos, diversidade de ideias, variedade de opiniões, multiplicidade de interesses e da complexidade das relações humanas.

E as "interações do jornalista com a fonte envolvem conflitos e acordos inevitáveis, porque a interlocução é viva, interessada", observa Manuel Carlos Chaparro (2007).

As fontes primam pela precisão técnica, rigor dos dados, narrativa unilateral e evitam notícias sobre discussões em curso.

Enquanto os jornalistas propendem a tornar público o momento transitório para que a sociedade interfira no debate.

No afã de fazer revelações de impacto, a mídia atropela alguns limites, em nome de um suposto interesse público, que ela mesma estabelece.

Sobrepõe direitos, imagem e reputação, sem resguardar a idoneidade das organizações, ainda que a liberdade de imprensa não autorize tudo.

Por conta disso, as fontes assumem uma posição de cautela e tentam reagir.

As suas reações podem surpreender o processo tradicional de apuração, como ocorreu em 2009 no *blog* da Petrobras, *Fatos e Dados*, ao postar as perguntas dos repórteres e as respostas, antes da publicação pela imprensa.

Essa estratégia foi inicialmente adotada em 2002, nos EUA, em que o Ministério da Defesa publicava todas as entrevistas importantes do secretário Donald Rumsfeld no blog *DefenseLink*, antes da veiculação.

As fontes defendem a liberdade de expressão e de imprensa, bem como reconhecem o papel cívico dos jornalistas, mas ainda não assimilaram nem sabem conviver com o jornalismo crítico e investigativo.

Queixam-se dos jornalistas quando utilizam recursos de linguagem, notadamente o futuro do pretérito, como condicional – suposto, envolvido – para indicar incerteza, se proteger e expor pessoas.

O público assimila essa suposição como fato consumado.

Em geral, as fontes também reclamam que os repórteres deturpam as suas declarações e os fatos, que pinçam frases fora do contexto.

Os jornalistas defendem-se alegando subordinação a um regime de pressa, de corrida contra o tempo e espaço, o que faz incorrer em erros e distorções, "raramente premeditados".

Argumentam, a exemplo da *Folha de S. Paulo* (2018), de que este é "o preço a pagar para que a sociedade possa usufruir um valioso patrimônio público, a livre circulação de informações e ideias".

Os direitos das fontes

Inspirado no código de relacionamento das fontes com a mídia do Centro Nacional de Vítimas da Imprensa, dos EUA, o Instituto Gutenberg realizou uma pesquisa com 150 fontes no Brasil.

Foram entrevistados banqueiros, empresários, administradores de empresa, comerciantes e profissionais liberais brasileiros, tendo como propósito a criação no país um código de direitos das fontes de notícias.

Fizemos uma pesquisa para atualizar e comparar os dados do Instituto Gutenberg, verificando se as questões levantadas à época persistiam.

Direitos arrogados pelas fontes

É direito da fonte...	Gutenberg (1995)	Schmitz (2014)
Recusar uma entrevista	94%	89%
Indicar um porta-voz	85%	96%
Indicar a hora e local da entrevista	93%	97%
Escolher o repórter a quem dar a entrevista	78%	30%
Desistir da entrevista marcada	55%	65%
Decidir não ser fotografado ou filmado	90%	77%
Não responder questões que achar impróprias	81%	82%
Manter-se no anonimato (sigilo de fonte)	85%	85%
Não ter informações confidenciais publicadas	85%	61%
Conhecer a pauta com antecedência	90%	83%
Mudar suas declarações após a entrevista	52%	11%
Ler ou revisar a reportagem antes da publicação	86%	18%
Obter retificação de uma informação errada	97%	99%
Processar jornalistas por calúnia e difamação	95%	93%
Expulsar jornalista por invasão de privacidade	92%	75%
Conhecer a identidade de quem acusa	89%	73%
Omitir os fatos	65%	27%

Nota: Percentual (%) de respostas das fontes afirmando "Sim"

O nosso estudo mostra uma nítida evolução da consciência das fontes sobre os direitos consagrados nos códigos deontológicos dos jornalistas e, ao mesmo tempo, um recuo nas questões controvertidas, notadamente naquelas em que os jornalistas não aceitam as suas condições.

Nota-se que a pesquisa do Instituto Gutenberg apontava certo descontentamento das fontes sobre as abordagens dos jornalistas, sugerindo procedimentos opostos, confrontando com as prerrogativas invocadas pela mídia.

O direito de resposta

Mesmo quando a fonte se esmera e os erros persistem, ela pode exigir a retificação.

Aliás, a revisão de uma informação incorreta configura-se em regra elementar do trabalho jornalístico.

Uma notícia pode ser desmentida ou corrigida pelas fontes, especialistas, testemunhas e colegas jornalistas, principalmente, porque as suas bases de certeza e a pretensão à verdade são frágeis.

Afinal, não há veículo nem jornalista que não erra, os sérios e rigorosos distinguem-se ao reconhecerem os erros.

Alguns veículos reservam um espaço para as correções, embora ínfimo, explicitando o equívoco cometido e admitem o direito de resposta.

Com a revogação, em 2009, da Lei de Imprensa, de 1967, as pessoas e organizações envolvidas ou mencionadas injustamente em matérias jornalísticas podem recorrer à Constituição Federal (artigo 5º, inciso V), que diz: "é assegurado o direito de resposta, proporcional ao agravo, além da indenização por dano material, moral ou à imagem".

A retificação está relacionada indiretamente ao direito de resposta.

Indireta, porque não se vincula à verdade, mas à defesa de quem se sente atingido, ou seja, o direito de alguém apresentar a sua própria versão dos fatos.

Dessa forma, o direito e a deontologia colidem.

Raramente um jornalista perde um processo judicial, beneficiado pela presunção da convicção, lentidão da Justiça e sua rápida prescrição.

Quando a fonte ganha ou perde, torna-se antipática perante a classe jornalística e a sociedade.

A publicação da sentença judicial nunca é redigida nem editada seguindo as técnicas do jornalismo, mas num linguajar jurídico enfadonho para o público, agravado pelo retorno ao tema desagradável à fonte.

Enfim, nada resolve junto à opinião pública nem restaura a credibilidade da fonte, sendo condenada ao ostracismo.

Portanto, há dúvidas sobre a eficácia de qualquer direito de resposta.

Sigilo de fonte

A regra básica da informação está na citação explícita da fonte e o jornalista deve, primeiro, convencer o interlocutor a assumir o que diz.

Se não for possível, a fonte pode obter a garantia do sigilo, com a confirmação das informações fornecidas.

Muitos veículos não publicam a notícia sem essa confirmação. Outros, consideram a confiabilidade do informante.

O sigilo protege explicitamente a fonte, ou seja, o jornalista que recebe a informação confidencial é autorizado a utilizá-la, desde que não revele a sua origem.

Mas a fonte pode exigir que não se publique, servindo então, a informação, como uma sugestão de pauta e ponto de partida para a apuração dos fatos.

Várias questões éticas envolvem a relação de jornalistas com as fontes sigilosas.

Primeiro, "é direito do jornalista resguardar o sigilo de fonte", contempla o código de ética dos jornalistas brasileiros. No Brasil, não há norma jurídica que imponha a quebra do sigilo.

Ampara-se na Constituição Federal (artigo 5º, inciso XIV), que resguarda "o sigilo de fonte, quando necessário ao exercício da profissão".

Entende-se que o jornalista, ao omitir a fonte, assume o que foi revelado por ela, respondendo civil e criminalmente.

Além do aspecto legal, também se configura em princípio deontológico, questionado quando infringido.

Geralmente a fonte sigilosa revela informações de interesse público. Mas também pode lançar calúnias, difamações, boatos e intrigas para medir reações.

Por isso, para falar em *off (off the record)* é preciso que o informante esteja investido do estatuto de fonte, configurado por uma relação contínua de confiança com o repórter ou fidedignidade. Caso contrário, a dúvida persiste.

A maioria dos veículos de comunicação divulga apenas informações e não opiniões em *off*.

Contudo, a ética indica o rompimento do sigilo quando põe em risco vidas humanas ou atividades ilegais, ou ainda, no caso de informação falsa e dolo.

Algumas fontes secretas recebem cognomes, como a figura lendária do "Garganta Profunda" (*Deep Throat*), mantido no anonimato pelos repórteres Bob Woodward e Carl Bernstein, do *Washington Post*, durante o caso Watergate, em 1972, e revelado, 33 anos depois, como sendo o vice-presidente do FBI na época, Mark Felt.

Invasão de privacidade

O respeito à dignidade humana e a proteção à honra estão igualmente contemplados no direito civil e na deontologia dos jornalistas, prevalecendo as obrigações legais, embora a ética profissional tente preservar os jornalistas dos rigores da lei.

O direito ou a invasão de privacidade é um dos temas dos códigos de deontologia em todo o mundo.

Mas antes é preciso delimitar o que é vida íntima, privada e pública.

Na intimidade, o que acontece é velado e comunicável somente por iniciativa dos envolvidos.

Ao contrário da esfera pública, que além de ser do conhecimento de todos, pode-se divulgar sem autorização.

Na esfera privada compartilham-se os fatos e eventos com um número restrito de pessoas, logo, não são secretos, embora não se tenha a intenção de tornar públicos.

Essa questão tem um forte impacto na relação das fontes com os jornalistas.

Pois, mesmo que esses três círculos sejam claros na teoria, torna-se complexa a sua delimitação na prática, variando conforme as pessoas e as circunstâncias.

Em geral, os entendimentos de vida íntima e pública são consensuais.

Tome-se o caso do tabloide dominical *News of the World*, extinto em 2011 por grampear telefones, invadir caixas postais de celulares e subornar policiais e agentes públicos britânicos.

A violação da intimidade provocou a prisão de editores e o fechamento do tabloide britânico do magnata da mídia Rupert Murdoch e reduziu a sanha internacional contra as escutas ilegais para obter "furos" jornalísticos sensacionalistas.

Mas quanto à privacidade, há opiniões, não consenso. Para alguns, quem se expõe em lugar público, perde a privacidade; para outros, mesmo as aparições públicas são privadas, quando não ficar caracterizado um fato notório de interesse ou interferência pública.

Quais são os limites para a investigação jornalística?

Na hora de obter as informações, os jornalistas se acham no direito de utilizar alguns procedimentos que geram conflitos.

É discutível o uso de disfarce ou se identificar com outra profissão, que não a de jornalista; o uso de microfone ou câmara oculta, gravar sem avisar e entrar em ambientes privados sem autorização.

Os códigos deontológicos dos jornalistas aprovam o uso excepcional desses recursos, no caso de denúncia pública, quando os fins justificam os meios.

Afinal, o jornalista, investido de representante da sociedade, credencia-se a estar onde o público não tem acesso.

As fontes queixam-se das perguntas capciosas. Mas, para os jornalistas "não há perguntas embaraçosas, só respostas embaraçosas", disse o jornalista e escritor Carol Rowan.

Trata-se de um processo elementar da entrevista jornalística, para que a fonte diga mais do que estaria espontaneamente disposta a revelar.

Isso está relacionado ao exercício da independência dos jornalistas e da confrontação de ideias.

Sem confronto não há notícia, e a maioria das fontes não entende esse procedimento.

Se o repórter é alguém que sabe perguntar, a fonte, alguém que responde.

E a resposta pode ser evasiva ou afirmativa, dissimulada ou franca, irritada ou tranquila; mesmo o silêncio ou um "nada a declarar", será sempre interpretada como uma resposta.

Mas, algumas entrevistas são armadilhas para as fontes, quando o repórter busca comprovar uma tese já estabelecida na redação, ou seja, a fonte precisa responder exatamente o que está na pauta e a sua fala é usada apenas como aval para um certo ponto de vista.

O que para um pode ser um equívoco, para outros são questões que ainda não dominam nem aprenderam a lidar.

Os objetivos das fontes e dos jornalistas, ora comuns e ora antagônicos, enveredam para uma relação ora amistosa e ora acirrada, exasperada.

Em vez de revidar às perguntas impertinentes, às deturpações das informações e à subjetividade dos repórteres, a maioria das fontes age com cautela através de discursos afinados e cuidados no modo de dizer e agir.

As fontes medem as suas palavras quando falam aos jornalistas.

Elas agem de forma preventiva, pois um comentário desencontrado vem carregado de noticiabilidade e pode descambar para o sensacionalismo.

Embora seja um princípio sagrado do jornalismo, a objetividade jornalística é contestada pelas fontes, conforme nossa pesquisa.

Os impactos das entrevistas para as fontes

Os jornalistas ...	Sim
Fazem perguntas impertinentes	85%
Geralmente, deturpam as informações	69%

Os jornalistas …	Sim
Pinçam frases e as publicam fora do contexto	79%
Assumem o papel de promotor, juiz e carrasco	65%

Nota: Respostas das fontes

À beira da promiscuidade

Além dos conflitos e acordos entre jornalistas e fontes de notícias, existem algumas questões éticas e deontológicas que beiram à promiscuidade.

Max Weber, embora discordasse e reconhecesse a importância da profissão, disse que "o jornalista pertence a uma espécie de *pária* que a sociedade julga a partir de seus representantes mais indecorosos".

Esse intercurso sucede-se desde quando o jornalista Ivy Lee, no início do século 20, orientava empresários americanos no relacionamento com a imprensa, fazendo o "jogo sujo".

Sujou o jornalismo com o emprego duplo, a propina, os favores, os almoços, os brindes, as viagens, conta Manuel Carlos Chaparro (2018).

As arrogâncias e chantagens encontram-se em ambos os lados.

A começar pela demonstração de poder da profissão, em que alguns jornalistas utilizam o expediente do "carteiraço".

Fazem isso como forma de obter vantagens pessoais, intimidar ou ameaçar as fontes, que se inquietam pela empáfia onisciente, a força de seus questionamentos, a informação a qualquer preço e o poder de tornar pública a versão imprevisível de um fato ou evento.

Do outro lado, as fontes plantam notícias, distribuem *releases* mentirosos, querem somente divulgação favorável, barram notícias, fazem retaliações com cortes de verbas publicitárias, escondem-se dos fatos como avestruz etc.

Para dissolver essas inconveniências, ocorrem os assédios.

Há uma série de práticas que depõe contra a ética no jornalismo, entre elas a aquisição e empréstimo de automóveis diretamente das montadoras.

Trata-se de uma prática arraigada na indústria automobilística, que se justifica pela necessidade de testes para reportagens da mídia especializada.

A maioria dos meios de comunicação não consegue arcar os custos de aquisição de veículos, computadores e outros produtos caros para testes.

Mas, às vezes, recebem viagens nem sempre para as fábricas, mas para destinos turísticos onde sabidamente não está a indústria que convida.

Nessas viagens as mordomias incluem passagens, estadias, almoços e jantares, passeios, brindes e agrados de todo tipo.

Em geral, os meios de comunicação aceitam o custeio de viagens para acompanhar autoridades e fazer coberturas especiais.

Alguns, como a *Folha de S. Paulo* (2018), informam "que o jornalista teve suas despesas pagas pelo patrocinador".

Nossa pesquisa mostra se é aceitável dar ou receber brindes e outros agrados.

Brindes e presentes para jornalistas

É aceitável dar/receber…	Fonte	Jornalista
Brinde promocional da organização	66%	76%
Viagem para cobertura jornalística	75%	66%
Presente no valor de até 100 reais	44%	38%
Presente de 100 a 500 reais	7%	9%
Presente no valor acima de 500 reais	4%	7%
Ingresso para show, cinema, esporte	61%	58%
Almoço, jantar	63%	64%
Viagem turística para o jornalista e família	7%	7%

Nota: Percentual (%) de respostas "Sim"

É uma prática comum nas organizações a distribuição de brindes promocionais para clientes, fornecedores, funcionários etc.

O bom senso indica que a oferta de brindes pode ser simpática, mas as circunstâncias devem ser analisadas.

Recomenda-se oferecer algo da própria organização, que não possa sugerir tentativa de cooptação.

Se os brindes são aceitos de bom grado, não se pode dizer o mesmo dos presentes e viagens turísticas para jornalistas e seus familiares.

Já despesas de passagens e estadias pagas pelas fontes para cobertura jornalística são toleradas, desde que respeitados os princípios éticos.

Os prêmios reconhecem e estimulam a excelência do jornalismo, mas não é aceitável determinar os assuntos para os prêmios.

Os prêmios cooptam jornalistas quando induzem uma pauta jornalística e indicam um tema e espaço, a partir do interesse de quem promove.

Afinal de contas, qualquer premiação deve ser a mera consequência da qualidade do trabalho jornalístico.

Alguns anunciantes e patrocinadores tentam influenciar nos conteúdos editoriais, embora possam obter destaque pelo mérito de valor de notícia que portam.

Os veículos sérios não atrelam o conteúdo editorial ao investimento publicitário e a maioria dos jornalistas delimitam o espaço editorial do publicitário, não admitindo interferência.

O jornalista pode participar de anúncio comercial? Embora não seja ilegal, mas diante da deontologia, a propaganda e o exercício do jornalismo são incompatíveis, pois é como se o jornalista servisse a dois senhores.

Também do ponto de vista ético, considera-se condenável o duplo emprego, trabalhando simultaneamente na mídia comercial e para organizações, suas fontes de notícias.

O pagamento a jornalistas ou aos veículos para publicar notícias favoráveis é eticamente inadmissível.

O "jabaculê" ou "jabá"[1] tem raiz histórica no *jeton*, subsídio financeiro para a cobertura de eventos pelos repórteres, a quem forneciam informações.

Era uma forma de cooptação e ocorria quer pela exclusividade do acesso, quer por favores e privilégios e que completavam seus salários.

O *jeton* vigorou desde o Estado Novo, do presidente Getúlio Vargas, que criou em 1939, o Departamento de Imprensa e Propaganda (DIP) até meados do século 20.

No entanto, o "jabá" perdura, principalmente nos pequenos veículos do interior, mas também na grande imprensa, disfarçado de "informe publicitário".

Aliás, as reportagens pagas constituem-se uma prática danosa ao jornalismo.

Mesmo travestidas de "publieditorial", mensagem publicitária, portanto paga, que tem a cara de reportagem, de matéria jornalística.

Essa peça ludibria o público ao agregar a credibilidade do jornalismo a um anúncio publicitário.

Nesse caso, as questões éticas envolvem o anunciante e o veículo, que não se imunizam ao publicar, de forma imperceptível, expressões como "publieditorial", "informe publicitário".

Enquanto se recomenda uma nítida separação entre editorial e publicidade, afinal a transparência e a ética não têm preço.

A maioria das organizações se desenvolveu em ambiente histórico e tecnológico que não existe mais.

O futuro chegou, é hoje. Nele funciona a lógica do horário de pico, na velocidade do pensamento.

---

[1] Originalmente, refere-se ao pagamento "por fora" feito pelas gravadoras para executar as músicas de seus artistas no rádio ou na TV.

As tecnologias da informação e comunicação exigem novas formas de pensar e agir, com novas regras de comportamento, onde transgressões antes despercebidas, agora podem ser expostas em tempo real.

As organizações e personalidades estão cada vez mais monitoradas e vigiadas por uma legião de anônimos, que produzem e postam conteúdos sem uma ética apropriada.

São novos códigos, nova lógica e novas premissas. As organizações enfrentam esses desafios e riscos, também ganham novas oportunidades na exposição de suas imagens.

A ética de lado a lado

A mídia, inclusa a mídia digital, é o setor estrategicamente mais influente e de maior visibilidade da opinião pública, simultaneamente um público e um canal para as relações com a sociedade.

Ela difunde as atitudes e percepções, expressas ou apenas sugeridas, a respeito de uma organização ou pessoa.

O objetivo dos veículos de comunicação é reportar notícias aos seus públicos (leitores, ouvintes, telespectadores, internautas).

Ela estabelece o que é ou não notícia, fazendo um recorte da realidade, destacando fatos de interesse de seu público e da audiência.

A par destes propósitos, a imprensa tem o poder de destacar positivamente uma pessoa ou instituição e, igualmente, expor sua imagem de forma negativa.

Para a mídia, notícia boa (positiva ou negativa) é a que interessa ao seu público (audiência). Afinal, notícia é um produto à venda.

Para as organizações e pessoas, notícia boa sobre si (positiva) é a que contribui para melhorar a sua imagem e reputação.

Admitir o poder da mídia não significa aceitar que ela pode tudo ou que seja capaz de impingir qualquer conteúdo ao público.

Portanto, trata-se de uma relação controversa, conflitante e difícil.

O relacionamento com a imprensa é uma troca, uma confiança recíproca.

O jornalista depende da informação e a organização ou personalidade da divulgação de suas ações.

O jornalista profissional busca informação atual, objetiva e precisa, embora exista repórter inexperiente e, eventualmente, aquele que deturpa as informações.

"A notícia deve ser recente, inédita, verdadeira, objetiva e de interesse público", conceitua Mário Erbolato.

A quantidade de informações à disposição da mídia é exponencialmente crescente, enquanto o tempo para absorvê-las é mais ou menos constante.

O espaço editorial dos veículos é escasso e cada vez mais disputado por uma infinidade de fontes de notícias.

A produção e disseminação da informação aumentam vertiginosamente. Na era da informação, o fato e a notícia praticamente ocorrem em tempo real.

Capacitação das fontes de notícias

Para melhor interagir com a mídia, executivos, políticos e personalidades, principalmente, cada vez mais participam de um treinamento, denominado de mídia *training*.

É equivocado realizar esse treinamento somente em momentos de crise ou pela síndrome das más notícias.

Na maioria dos casos, as fontes procuram no mídia *training* uma forma de se preparar para um relacionamento produtivo e de resultado.

Buscam uma relação com a mídia para disseminar informações, legitimar seus discursos, dialogar com seus públicos.

Tanto quanto as fontes oficiais, também as empresariais e institucionais representam uma organização ou grupo social e não a si próprias, por isso essa capacitação ganha importância, por uma questão de segurança corporativa.

Nesse treinamento, as fontes e os porta-vozes reconhecem a estrutura, característica e a dinâmica de cada tipo de veículo de comunicação.

Também conhecem as principais expectativas dos jornalistas, como agem e o que buscam.

Obtêm dicas práticas de relacionamento, postura e desempenho nas entrevistas.

Essa capacitação não é um adestramento de fontes, mas uma capacitação para manter um bom relacionamento com a mídia e com os jornalistas nela e na assessoria de imprensa.

Leva as fontes perceberem que a divulgação é relevante para a organização e não tem o objetivo direto e imediato de vender produtos e serviços (função da propaganda).

A capacitação das fontes também beneficia o jornalismo.

Disposta a verificar esse ponto de vista, Janete de Oliveira (2007) inquiriu vinte jornalistas de São Paulo e Rio de Janeiro.

A sondagem aponta que 60% aprovam a preparação das fontes, enquanto 65% acreditam que reduz a espontaneidade nas respostas e 70% percebem que o número de fontes treinadas vem aumentando.

Para 60% dos jornalistas a principal competência da fonte está na "clareza e objetividade" ao transmitir uma informação.

Outros fatores relevantes são: disponibilidade de dados, precisão das informações e conhecimento do assunto da entrevista.

Ainda nesse estudo, os jornalistas reclamam da insegurança e do medo das fontes em conceder entrevistas, escondendo-se atrás dos *releases*.

Conforme a nossa pesquisa, cresce o número de fontes e porta-vozes que já participaram deste treinamento (22%).

A grande maioria participaria pela primeira vez ou novamente (90%), pois acredita que isso melhorou ou aperfeiçoaria seu desempenho nas entrevistas (96%).

Poucos acham que o mídia *training* é utilizado somente nas crises (8%), segundo a pesquisa.

O caso da rede de hotéis Blue Tree ilustra bem essa estratégia, relatado por Sandra Maia.

A partir de uma "política de fontes", que incluiu um mídia *training* aos gerentes e assessorias de imprensa regionais, a rede ampliou em mais de 30% sua participação na mídia.

E, "o mais importante, tornou-se uma fonte respeitada e disponível para diferentes editorias", conta.

A presença constante e moderada na mídia contribui para a construção da imagem positiva da organização ou personalidade.

Ela é o canal mais eficaz para fazer a ligação entre a organização, os seus públicos e a sociedade em geral.

Para garantir um bom relacionamento e imagem positiva é preciso um trabalho transparente, honesto, sistemático e recíproco com a imprensa e os jornalistas.

Fonte e porta-voz

"Fonte" refere-se "aquilo que origina ou produz", empregada na anatomia (têmpera), eletricidade (fonte de energia), tipografia (caracteres), informática, ótica, jornalismo (fonte de notícia) etc.

É preciso diferenciar "fonte de informação" e "fonte de notícia", no sentido de qualquer informação disponível, mas não veiculada pela mídia.

Já a fonte de notícia necessita de um meio de transmissão, de um mediador, que faça circular o seu conhecimento ou saber.

Na nossa concepção, "fonte de notícias são pessoas interlocutoras de organizações e de si próprias ou referências, de quem a mídia obtém informações para transmitir ao público".

O porta-voz não é fonte, mas uma pessoa qualificada e autorizada a dar informações, que reflitam o pensamento oficial de quem representa, essa sim, a fonte.

O porta-voz transmite as palavras ou as opiniões de outra pessoa e não de uma organização.

Quando fala de si ou como interlocutora da sua organização ou grupo social, assume o estatuto de fonte.

A assessoria de imprensa não é fonte, mas ponte, por intermediar os interesses, opiniões, conhecimentos e relatos de eventos de quem assessora.

O assessor de imprensa é fonte somente quando fala de si e da sua atividade.

A maioria das informações jornalísticas é plural, emana de vários tipos de fontes, que o jornalista utiliza para reforçar ou confirmar a verdade no relato dos fatos.

O quadro a seguir representa essa dinâmica, pois estabelece uma demarcação e inter-relação entre os tipos, grupos e classes de fontes.

Portanto, esse sistema de classificação explicita as nuances e características de cada tipo. Ao mesmo tempo, forma um conjunto complexo, que conceituamos um a um para ordenar os seus atributos.

Classificação das fontes de notícias

Categoria	Grupo	Ação	Crédito	Qualificação
Primária Secundária	Oficial Empresarial Institucional Popular Notável Testemunhal Especializada Referencial	Proativa Ativa Passiva Reativa	Identificada Anônima	Confiável Fidedigna Duvidosa

Por seu envolvimento direto ou indireto ao fato, uma fonte pode ser primária ou secundária.

A fonte primária fornece diretamente a essência de uma matéria, como fatos, versões e números, por estar próxima ou na origem da informação.

A secundária contextualiza, interpreta, analisa, comenta ou complementa a matéria jornalística, produzida a partir de uma fonte primária.

Toda informação tem uma origem ou contextualização.

Quem informa é reconhecido pela notoriedade, testemunha ou especialização.

A representação de uma organização ou personalidade, pode ser mediada por uma assessoria de imprensa, porta-voz ou informante autorizado ou não.

Tipos de fontes de notícias:

- Oficial: alguém em função ou cargo público que se pronuncia por órgãos mantidos pelo Estado e preservam os poderes constituídos (executivo, legislativo e judiciário), bem como organizações agregadas (juntas comerciais, cartórios, companhias públicas etc.);
- Empresarial: representa uma corporação empresarial da indústria, comércio, serviços ou do agronegócio;
- Institucional: é quem representa uma organização sem fins lucrativos ou grupo social;
- Popular: manifesta-se por si mesmo, geralmente, uma pessoa comum, que não fala por uma organização ou grupo social;
- Notável: pessoa ilustre pelo seu talento ou fama, geralmente artistas, escritores, esportistas, profissionais liberais, personalidades políticas, que falam de si e de seu ofício;
- Testemunhal: representa aquilo que viu ou ouviu, como partícipe ou observadora;
- Especializada: pessoa de notório saber específico (especialista, perito, intelectual) ou organização detentora de um conhecimento reconhecido;
- Referência: bibliografia (livro, artigo, tese, dissertação), documento ou mídia que o jornalista consulta.

As fontes agem conforme a sua conveniência, embora atuem aparentemente na perspectiva de colaborar com o jornalista:

- Proativa: produz e oferece notícia pronta, ostensiva e antecipadamente. Está permanentemente disponível ao jornalista e fornece informações com antecedência e de acordo com os critérios de noticiabilidade;
- Ativa: age ativamente, mantendo estrutura de comunicação e canais de rotinas e material de apoio à produção de notícias;
- Passiva: referência (bibliografia, documento e mídia) disponível à consulta e organização, grupo social e pessoa que se manifesta somente quando consultada, fornecendo estritamente as informações solicitadas;
- Reativa: quem age discretamente, sem chamar a atenção da mídia (*low profile*) ou para evitar a invasão de sua privacidade.

O crédito é um elemento básico da produção jornalística. A princípio, toda fonte deve ser identificada.

Ela pode falar ou fornecer informação em *on* (*on the record*), revelando a sua identidade, ou no anonimato, em *off* (*off the record*), de forma confidencial ou extraoficial.

Embora sutis, as fontes apresentam qualificações diferentes, conforme a sua credibilidade, proximidade e relação com os jornalistas, ou quando a informação é exclusiva ou partilhada:

- Confiável: relação estável, que se estabelece pelo histórico de veracidade das declarações ou dados fornecidos de forma eficaz, isto é, a informação certa e verdadeira na hora esperada ou rapidamente;
- Fidedigna: embora não mantenha um histórico de confiança, exerce seu poder pela posição social, inserção ou proximidade ao fato, bem como pela respeitabilidade, notoriedade e credibilidade de quem está acima de qualquer suspeita e digno de fé;
- Duvidosa: expressa reserva, hipótese e mesmo suspeita. Assim, o valor de verdade da informação é atenuado, embora a sua posição confira crédito. O jornalista é cético por natureza e técnica.

Grau de confiança nos tipos de fontes

Tipos de fontes	Nenhuma	Pouca	Muita	Total
Especializada	2%	15%	73%	10%
Referência	1%	20%	71%	9%
Testemunhal	2%	27%	65%	5%
Institucional	2%	45%	47%	7%
Empresarial	1%	52%	45%	2%
Oficial	2%	55%	40%	2%
Popular	4%	55%	38%	3%

Nota: Respostas dos jornalistas

Quem fala

O presidente, o principal executivo ou autoridade competente e quem ele indicar, são as fontes da organização.

São executivos e profissionais preparados e escalados para repassar informações e opiniões.

Geralmente, diretores e gerentes falam em nome de suas diretorias e gerências. Técnicos comentam seus projetos.

Os encontros com jornalistas devem ser planejados e ter o apoio da assessoria de imprensa.

Eventualmente, pela urgência ou oportunidade da informação, o porta-voz dá entrevista imediata, desde que esteja capacitado e detenha os referidos dados.

Atendimento contínuo

Seja atendendo à demanda dos jornalistas ou nas iniciativas de divulgação, o atendimento à mídia prima pelo profissionalismo.

Os jornalistas são avaliados pela agilidade e capacidade de agregar valor informativo ao conteúdo de seu veículo.

Para atender esta expectativa, a fonte e o assessor de imprensa contribuem quando são prestativos, pacientes e ágeis.

Nessa perspectiva, a mídia é tratada como um cliente, na busca da informação, e como uma parceira, na reciprocidade.

Por isso, torna-se importante que se esteja atualizado quanto à organização e, principalmente, a cada mídia, suas características e aos assuntos em pauta no momento.

Assim, além de pautar a mídia, a organização precisa estar disponível para atender aos jornalistas.

A divulgação não deve se restringir ao envio de materiais, mas também, e principalmente, atender às demandas dos jornalistas.

Este é um dos princípios básicos da reciprocidade.

Torna-se imprescindível atender às solicitações de informações e entrevistas.

Pois, para os jornalistas, é fundamental cultivar e manter fontes confiáveis e canais de comunicação para desenvolver o seu trabalho.

Convivência transparente e cordial

O relacionamento com a mídia implica a responsabilidade de garantir um atendimento adequado.

Presume-se que as atividades da organização têm interesse público e geram um fluxo constante de informações.

Para estabelecer esta convivência é fundamental que a organização e a fontes compreendam que os jornalistas precisam de um atendimento rápido, personalizado e com acesso facilitado.

A fonte passa a ser a principal referência para os jornalistas, como uma ponte entre a organização e a mídia.

Por isso, o dever de conhecer os meios de comunicação. Ou seja, entender a estrutura dos diferentes tipos de veículos, tempos e necessidades.

Segundo Jorge Duarte e Wilson Fonseca Júnior (2018), é uma atividade "que envolve a perspectiva de exposição pública, profundos sentimentos relacionados à autoestima e a incerteza de que as informações serão veiculadas segundo as expectativas".

Para isso, a fonte mantém constantes contatos com as redações, evitando estabelecer essa ligação apenas via *releases*.

Visitas, encontros informais, telefonemas esporádicos – não frequentes, nem inoportunos – têm diversas finalidades.

Press tour

Visitas de jornalistas à organização constituem um eficiente meio de aproximação. Esta prática é chamada de "*press tour*" ou "*open house*".

O ideal é estabelecer um cronograma de visitas individuais ou em grupo, estimulando o acesso às fontes e o conhecimento da organização. Pode incluir um almoço com a principal fonte.

Este tipo de programa não visa prioritariamente a divulgação imediata de notícias, mas o estreitamento das relações.

Também ocorre quando é preciso mostrar alguma novidade na organização com a presença física do jornalista.

O diretor de Comunicação da Embraer, Carlos Eduardo Camargo, não vê problema em patrocinar uma visita, porque "lidamos com uma imprensa independente e idônea o suficiente para não se deixar influenciar por um convite desses".

O caso de visitas para cidade fora da sede do veículo de comunicação, é comum a organização cobrir os custos da viagem, mas sem mordomias.

Em contrapartida, as visitas às redações devem ser evitadas, principalmente em horários de fechamento (*deadline*).

Se a fonte não for famosa, a visita não é bem-vinda, sendo direcionada ao departamento comercial.

Brindes e presentes

Um assunto delicado refere-se aos brindes e presentes para os jornalistas, por causa do eventual embaraço.

Brindes caros muitas vezes são recusados e devolvidos, quando ferem a orientação de alguns veículos.

O tipo mais adequado e recebido com simpatia é o material promocional da própria organização: caneta, bloco de anotações, agenda, publicações etc.

Conforme nossa pesquisa, 38% dos jornalistas admitem presentes de até 100 reais e 58% recebem ingressos para shows, cinema e esportes, enquanto 64% aceitam convites para almoços e jantares.

Mas viagens turísticas e outros agrados exóticos são fora de propósito e sugerem tentativa de cooptação.

Para Jorge Duarte (2018) "a oferta de brindes pode ser simpática, mas as circunstâncias devem ser bem analisadas".

Portanto, vale o bom senso.

Jornalista não se conquista com brindes.

O melhor presente que se dá é uma informação que pode virar notícia.

O que evitar

No trato com a mídia, as relações devem ocorrer de forma diplomática, com respeito e interação constante.

Gaudêncio Torquato (2010) enumera o que se deve evitar neste relacionamento:

- Não cooptar os jornalistas por fisiologismo, eles querem notícias e não tutela;
- Esquivar-se de abordagens personalistas, com ênfase na autoridade ou dirigente. Prefere-se a prevalência da informação;
- Não forçar angulações que denotam uma organização perfeita, "ilha de felicidade, paz e progresso", mas reconhecer os problemas e dificuldades;
- Substituir as informações inócuas, inoportunas, desnecessárias e desinteressantes por informações significativas;
- Trocar a improvisação pelo profissionalismo;
- Transformar o monólogo em diálogo.

Comercial x editorial

É importante separar os propósitos, características e as diferenças entre notícia e propaganda.

A notícia se caracteriza pela sua veiculação gratuita, embora persistam os "informes publicitários" e o "jabá".

Nos veículos de comunicação sérios e éticos, não existe a dependência ou vínculo entre o comercial (publicidade) e o editorial (notícia).

Na área editorial, a intermediação é da assessoria de imprensa e as relações ocorrem entre repórteres e fontes.

O espaço não é pago. A organização fornece a informação e não controla o resultado.

Os editores determinam o espaço, o destaque, o momento e a mensagem.

Um anúncio, ao contrário, é intermediado pela agência de propaganda.

Na publicidade se paga pelo espaço, e a organização determina e controla todo o processo, desde a criação até a publicação do anúncio.

A visão dos jornalistas

Houve um tempo, recente até, de ataques mútuos entre jornalistas e assessores de imprensa.

Embora perdurem algumas desavenças e equívocos, as pesquisas mostram que as redações valorizam as assessorias.

Nem sempre as intenções do repórter, do assessor e da fonte são recíprocas.

Enquanto o primeiro considera a matéria de interesse público, os demais veem o interesse da organização.

Embora seja assessor da fonte e não do jornalista, cabe à assessoria de imprensa atuar como parceira da mídia.

Segundo nosso estudo, para 98% dos repórteres, os assessores colaboram com seu trabalho; embora, para 66%, às vezes os assessores enviam *releases* desnecessários.

As pesquisas do Comunique-se (2017) e a nossa sinalizam algumas mudanças importantes.

O Comunique-se realizou uma pesquisa referente a visão dos jornalistas sobre as assessorias. Foram ouvidos mais de 400 jornalistas.

Alguns dados da pesquisa:

- 89% aceitam serem adicionados nas redes sociais;
- 95% preferem contatos por e-mail e 37% por WhatsApp;
- 54% consideram os assessores "do outro lado do balcão";
- 61% aprovam o *"follow-up"*, desde que bem praticado;
- 75% querem antes receber informações dos assessores de imprensa, por considerarem mais confiáveis;

- 90% procuram *releases* atualizados nas salas de imprensa, mas raramente encontram;
- 67% não consideram o envio de *releases* por e-mail uma prática de *spam*;
- 84% concordam que "as redações, hoje enxutas, são dependentes de assessorias";
- 95% aprovam que *releases* estejam acompanhados de fotos, vídeos, *links* etc.

Esta pesquisa revela os acertos e erros dos assessores de imprensa e fontes. Eles acertam ao enviar *releases* por e-mail, mas erram no conteúdo.

Principais erros, segundo os jornalistas:

- 63% querem vender o peixe da organização a qualquer custo;
- 54% disparam *releases* em excesso;
- 41% não dominam o assunto do *release* ou da pauta;
- 38% enviam *releases* para editorias erradas.

Os jornalistas não se interessam pelo conteúdo do e-mail por falta de assertividade dos assessores e fontes, principalmente no assunto.

O que faz com que jornalista tenha interesse em abrir um e-mail com informações para a mídia:

- 50% pelo título convidativo no e-mail;
- 47% por causa dos dados já no título do e-mail chamam a atenção do jornalista;
- 45% por ser um remetente confiável (fonte ou assessor);
- 34% quando o título atende a demanda da pauta.

As boas práticas

A seguir alguns depoimentos de jornalistas colhidos no Congresso Mega Brasil de Comunicação Corporativa.

Marta Gleich, diretora de redação do jornal *Zero Hora*, de Porto Alegre, enumera as boas práticas das assessorias:

- Dominar as informações de sua organização e do setor que atua;
- Saber que a informação repassada pode se tornar uma pauta – nunca matéria pronta para publicação;
- Mandar e-mails diretos e sintéticos para a pessoa certa e não "a rodo";
- Evitar telefonar na hora do fechamento;
- Estar disponível 24 horas por dia e fornecer o número do celular;
- Jogar limpo sempre e não enrolar o jornalista;
- Não insistir: se não saiu, não era grande notícia.

Tânia Machado de Andrade, na coordenação do Jornalismo da TVE, em Porto Alegre:

- Antes de qualquer coisa, para ter espaço na mídia, é necessário que o assessor tenha uma pauta;
- Os assessores e as fontes costumam cometer alguns erros básicos, como não conhecer a linha editorial e as editorias do veículo;
- Achar que o caminho é sempre falar com o chefe de redação, quando na maioria das vezes uma pauta mandada para o editor ou repórter certo tem muito mais chance de virar notícia;
- Na verdade, o assessor de imprensa e a fonte, como qualquer outro profissional, precisa fazer bem o seu trabalho e ser bem informado e criativo com sua pauta.

Sonia Filgueira, então editora da revista *IstoÉ*, em Brasília:

- Numa situação negativa, o assessor tenta proteger a fonte. É compreensível, mas não aceitável;
- Nesse caso, é recomendável fazer uma sabatina com a pessoa antes da entrevista e preparar a fonte para as piores perguntas, para que responda de maneira objetiva, evitando os mal-entendidos;
- O bom assessor de imprensa toma cuidado com os prazos dos jornalistas, não esquece os pedidos, dá retorno e informa o repórter sobre a pessoa que tem as informações;
- Se ele estabelecer uma relação de confiança com o repórter, no dia em que houver uma situação de crise e o assessor precisar de tempo para se preparar, com certeza o jornalista concederá.

Augusto Nunes, diretor da revista *Veja*:

- O assessor de imprensa também é vítima de pressões dos patrões que desconhecem o trabalho do jornalista;
- Cabe ao assessor de imprensa educar e fazer fluir a informação. Ele atua como sinalizador;
- Perde-se muito tempo com *releases* e e-mails que são distribuídos em série e quase nunca são lidos. Eu leio, porque sou obsessivo;
- O assessor de imprensa é quem organiza o trânsito de informações;
- E o relacionamento do assessor com seus assessorados é mais ou menos o que ocorre entre o jornalista e a fonte: o assessor descobre em quem confiar e quem tem informações importantes, detalhes e por aí vai…

Marcos Aidar, produtor de reportagens da TV Globo, em São Paulo, enumera o que é preciso evitar:

- Pedir uma "forcinha" ao negociar uma pauta;
- Dar múltiplos telefonemas sobre o mesmo assunto;

- Mandar brindes, amostras de produtos, *press kits* com material promocional;
- Fazer visita surpresa à redação.

Ainda segundo Aidar, o que se deve preferir:

- Valorizar a informação e agir como profissional;
- Ter conhecimento do assunto em pauta, sendo ponte em vez de fonte;
- Lembrar que na TV a informação deve ser traduzida em imagem e que o público é bastante heterogêneo, formado por diversas classes sociais.

A visão das fontes

As fontes também têm uma percepção das ações dos jornalistas, embora algumas equivocadas.

O modo de apresentar a matéria, às vezes, provoca indignação das fontes após a publicação.

É comum ouvir-se: "não foi bem isso que eu disse!" Ou, "eu não falei isso!"

E chega-se ao extremo com ameaças de processo judicial ao veículo, de não falar mais com a mídia ou com determinado jornalista.

Os jornalistas também erram e pode-se pedir correção, embora nem sempre publicada na mesma proporção, pois a mídia detesta admitir publicamente o seu erro.

Mas, boa parte são enganos e equívocos sem importância.

O apoio de uma assessoria de imprensa ajuda, mas não garante que tudo seja publicado exatamente do ponto de vista da organização.

Quando nem tudo sai como as fontes gostariam, elas esbravejam:

- Esse jornalista é um incompetente;
- Da próxima vez só atendo repórter que conheça a organização;
- Esse título nada tem a ver com o que disse;
- Ele citou os outros e esqueceu da gente;
- Dei tantas informações e só saiu isso;
- Por que não incluiu os números que eu forneci?
- Só se interessam pelo negativo;
- Como publicaram isso sem consultar a gente?
- É isso que dá aceitar entrevistas por telefone!

Cultura jornalística

As práticas de verificar e apurar os fatos, perguntar, relacionar-se com as fontes, dominar as técnicas de redação e reconhecer a notícia estruturam uma cultura profissional.

Verdade, objetividade, neutralidade, imparcialidade, lealdade, independência, ética, defesa do interesse público são valores primordiais do jornalismo.

Para Manuel Carlos Chaparro (2018), "as ações, os fazeres e seus contextos são de alta complexidade, pois se trata de um processo social e cultural de intermediação, com múltiplos emissores produtores e receptores".

Por isso se instauram "muitos propósitos e poucos princípios", ocultos por aqueles que influenciam o fazer jornalístico.

Conforme Nelson Traquina (2016), os jornalistas são pragmáticos e o jornalismo "uma atividade prática, continuamente confrontada com 'horas de fechamento' e o imperativo de responder à importância atribuída ao valor do imediatismo. Não há tempo para pensar, porque é preciso agir".

Bill Kovach e Tom Rosenstiel (2014) indicam os ideais do jornalismo, a partir de uma pesquisa com três mil pessoas e depoimentos de 300 jornalistas americanos:

- A primeira obrigação do jornalismo é com a verdade;
- Sua primeira lealdade é com os cidadãos;
- Sua essência é a disciplina da verificação;
- Seus praticantes devem manter independência daqueles a quem cobrem;
- O jornalismo assume o papel de monitor independente do poder;
- Deve abrir espaço para a crítica e o compromisso público;
- Tem de se empenhar para apresentar o que é significativo de forma interessante e relevante;
- O jornalismo deve apresentar as notícias de forma compreensível e proporcional;
- Os jornalistas devem ser livres para trabalhar de acordo com sua consciência.

Qualquer organização que pretenda manter um relacionamento amistoso e durável com a mídia deve, no mínimo, conhecer e observar estes princípios.

Os jornalistas cumprem prazos imperativos, denominados de *dead line* (linha da morte).

Nenhum veículo de comunicação pode se permitir a ter uma equipe de reportagem onde em todos os lugares onde acontecem fatos possíveis de serem transformados em notícias.

Questões econômicas e de produtividade fazem com que a mídia concentre seus recursos onde geralmente acontecem os fatos mais importantes e regulares.

Valendo-se dessa lacuna, as organizações se utilizam das assessorias de imprensa e ações das fontes para ocupar o seu espaço na esfera pública e manter relações regulares e produtivas com a mídia.

O jornalista profissional busca informação atual, objetiva e precisa.

Mas sempre é possível encontrar repórteres inexperientes e, eventualmente, aqueles que deturpam as informações.

Existe uma imprensa emergente e influente, inclusive fora dos grandes centros, feita por profissionais sérios e competentes.

Mas não se pode ignorar o fato de haver veículos que em uma mão empunham um microfone e a outra, a nota fiscal.

A mídia se diversifica a cada momento.

Aumenta a segmentação de publicações, emissoras de televisão e mídias digitais, principalmente.

Aliás, a segmentação é um fenômeno sem volta, tanto em títulos impressos e de eletrônicos, como na mídia digital.

Basta lembrar a quantidade de mídia especializada.

Os veículos deixaram de ser uma unidade íntegra e indissolúvel.

Estão também segmentados internamente, com estruturas de produção descentralizadas e em múltiplas plataformas.

Enfim, essa mídia impõe uma postura profissional e torna os relacionamentos mais complexos.

A mídia regional, local e de bairros é uma realidade incontestável, tanto em volume como em qualidade.

Há um decréscimo da mídia impressa, mas cresce o noticiário na internet.

O relacionamento com a mídia se amplia, exigindo diversidade de ações e estratégias na divulgação.

Significa diversificar as abordagens, conhecer o perfil do veículo e do jornalista.

Com a pauta em mão, a fonte e o assessor fazem a filtragem de veículos, editorias, editores, repórteres, colunistas, seções, programas e apresentadores.

É preciso foco de telescópio.

Para o assessor de imprensa que conhece "os dois lados do balcão", isto é, teve passagem pela redação, isso facilita a compreensão do trabalho do jornalista.

Dois escritores americanos parafrasearam a índole dos jornalistas e o tino do jornalismo:

- "Os jornalistas são pessoalmente cordiais; no papel, assassinos", Gay Talese;
- "Jornalismo é separar o joio do trigo. E publicar o joio", Mark Twain.

Mas quem é esse repórter em busca da notícia? John Hohenberg (1981) traça as suas qualidades:

- Diligente, sem ser intrometido;
- Penetrante, sem ser ofensivo;
- Persuasivo, sem ser enganador;
- Perspicaz, sem ser adivinho;
- Escrupuloso, sem ser pedante;
- Cético, sem ser um cínico confirmado;
- Minucioso, sem ser taquígrafo;
- Cauteloso, sem ser vacilante;
- De bons modos, sem ser obsequioso.

Os jornalistas são submetidos a um sistema rígido de produção, cujos prazos são exíguos.

Isso provoca um ritmo de trabalho estressante, urgente e impaciente. E por consequência, as relações pessoais são tensas.

Em geral, o ambiente de trabalho é competitivo e precário, além de salários nem sempre atrativos.

Mas são profissionais curiosos, observadores e persistentes.

Por técnica, eles percebem quando alguém diz o que não pensa e por questão ética, cumprem os acordos, porém detestam fazer parte do jogo de poder ou manobras ilícitas.

Por conta disso, conforme Jorge Duarte e Wilson Fonseca Júnior (2018), do ponto de vista das fontes e dos assessores, alguns jornalistas ultrapassam limites quando:

- Se preocupam em provar teses e não em descobrir o que aconteceu;
- Descontextualizam informações e frases;
- Procuram e enfatizam apenas o ângulo negativo;
- Simplificam questões complexas;
- Generalizam, a parte vira o todo;
- Desconhecem os temas que cobrem;
- Erram informações básicas;
- Evitam corrigir informações equivocadas.

A pesquisa do Perfil do Jornalista Brasileiro (2013) mostra quem são os profissionais que atuam na mídia.

Presume-se que no Brasil são mais de 145 mil graduados em jornalismo; destes, 55% atuam na mídia.

Dos que trabalham em veículos de comunicação, 60% têm registro em carteira, os outros são terceirizados (*freelancers*, prestadores de serviços e empresários, chamados de "pejotas").

Na mídia, 64% são mulheres e a maioria tem entre 23 a 30 anos de idade (48%).

Cerca de 30% recebem até três salários-mínimos, enquanto 32% tem rendimento de três a cinco salários.

A maioria, 54%, está na profissão a menos de três anos.

Por lei, a jornada diária de trabalho é de cinco horas, mas 45% trabalham de 8 a 12 horas.

Cerca de 47% são repórteres e 21% editores.

"É desse perfil profissional que surge a informação embalada para uso, nas páginas dos jornais, dos programas de televisão ou da internet, e sob o clima sonoro dos programas de rádio", apontam Duarte e Fonseca Júnior (2018).

A notícia

As notícias circulam na esfera pública, por meio da mídia, um espaço eminentemente da controvérsia.

Foi-se o tempo da informação unilateral.

No mundo contemporâneo impõe-se o "jornalismo de comunicação", caracterizado pelo diálogo ambilateral.

O campo jornalístico tornou-se um campo de luta, onde ocorrem relações de poder ou "jogo social".

As informações que advém das fontes tem um caráter intencional e passam por uma série de negociações até se converterem em notícia.

Para Graça Monteiro (2018), nesse processo, a fonte precisa se tornar visível para transformar as informações de si ou da sua organização em notícia, e assim, estabelecer um diálogo com a sociedade.

As notícias são abundantes e inundam as redações.

"Porque noticiar é, hoje, a forma mais eficaz de interferir no mundo", confirma Chaparro (2018).

Mas a quantidade de informações à disposição da mídia é exponencialmente crescente.

Por outro lado, o espaço editorial dos veículos é escasso e cada vez mais disputado por uma infinidade de fontes jornalísticas.

Para filtrar esta avalanche de pautas sugeridas, os editores se guiam pelo interesse jornalístico.

Agem como *gatekeepers* (do inglês, porteiros), que abrem ou fecham as portas às notícias.

Por isso, "editar é selecionar, editar é jogar fora, editar é valorizar algumas notícias", contextualiza Carlos Marcelo, editor do *Correio Braziliense*.

A mídia exerce uma vigilância sobre as organizações.

É seu papel vigiar as pessoas e as organizações em defesa do interesse público.

Trata-se de uma esfera social de conflito.

Também é o espaço para a organização mostrar o que faz e no que acredita.

Embora o jornalismo se ocupe mais em mostrar o que não se faz e as contradições.

Mas é na mídia que se pode esclarecer, agendar interesses, obter reconhecimento e divulgar ações.

Por isso a necessidade em compreender os propósitos do jornalismo e a dinâmica da mídia.

O ponto de partida está em saber o que é ou não notícia.

"A notícia deve ser recente, inédita, verdadeira, objetiva e de interesse público", conceitua Mário Erbolato (2016).

Pela Constituição Federal, as organizações públicas têm o dever de informar e o público o direito de saber sobre seus atos.

Prestar informações de interesse público deixou de ser uma obrigação.

Trata-se de uma estratégia de comunicação.

Isto exige preparação, tanto para atender as solicitações da mídia, quanto para tomar a iniciativa da divulgação.

A relação amistosa e equilibrada começa pela compreensão do que é notícia, a matéria-prima da imprensa.

Além do vínculo forte com a atualidade, a notícia deve ter uma relação com o público do veículo e ênfase na notoriedade (pessoa, tema).

Uma informação tem interesse público quando influencia a vida das pessoas.

Luiz Gonzaga Motta (2012) questiona a concepção de notícia:

- Todos os dias ocorrem milhares de eventos. Por que alguns deles são pinçados pela mídia e se transformam em notícias enquanto outros permanecem ignorados?
- O que um fato precisa ter, para ser escolhido e virar notícia?
- Aquilo que sai na mídia foi escolhido aleatoriamente pelos repórteres a seu próprio critério e julgamento?

- Ou aqueles fatos que têm certos atributos ou valor de notícia que os transformam em eventos potencialmente noticiáveis, bastando apenas ser identificados por alguns jornalistas?

Enfim, para o jornalista é obrigação de uma organização ou personalidade fazer a coisa certa. Isso não é notícia.

Mas se fizer a coisa errada ou muito certa, acima das expectativas, vira notícia.

Mas afinal, o que é, e o que não é notícia?

Além de atualidade, ineditismo, veracidade, objetividade e interesse público, existem ingredientes derivados de uma notícia.

Sua importância está na proximidade e na consequência para a audiência, bem como no conhecimento e na quantidade de envolvidos.

Pode estar relacionada à rivalidade, disputas, competições e à dramaticidade.

Outros atributos da notícia estão na curiosidade, suspense, raridade e no inusitado.

As organizações não são alvo somente de "notícias ruins".

Notícias boas também são veiculadas: descobertas, avanços, progressos, utilidades, serviços ao público.

Afinal, não é possível fazer notícia de tudo.

A insistência em oferecer assuntos sem apelo jornalístico desgasta a assessoria e a fonte, e leva a organização ao descrédito.

Mais importante que a quantidade de informações veiculadas é o impacto que elas causam.

Uma boa reportagem e uma nota destacada são mais importantes que uma notícia que só interessa à organização.

Nem todo material encaminhado à imprensa é publicado, mas serve para informar ao jornalista o que está ocorrendo.

Release

Nas relações com a mídia as fontes assumem posição de partícipes, responsáveis pela produção da notícia.

Há algum tempo a fonte ajudava o jornalista a descobrir a notícia.

Hoje, ela produz conteúdo jornalístico e com atributo de noticiabilidade irrecusável.

Torna-se incontestável pela relevância, veracidade e confiabilidade de informações que atendem às expectativas da sociedade.

Diante destes pressupostos, cresce a necessidade de as fontes aprenderem e reaprenderem a atender simultaneamente as expectativas da organização, da mídia e da sociedade.

Os primeiros *releases* da assessoria de imprensa moderna foram criados pelo americano Ivy Lee.

Quando a sua agência Parker & Lee atendia a Ferrovia Pennsylvania ocorreu um acidente em Atlantic City, Nova Jersey, em 28 de outubro de 1906, um domingo.

Na tragédia, um trem com 87 passageiros descarrilhou de uma ponte levadiça, recém-inaugurada, e 53 pessoas morreram afogadas.

Lee convenceu a empresa a "liberar um comunicado à imprensa" (*press release*).

Surgiu então aquele que é considerado o primeiro *release*, publicado na íntegra no jornal *The New York Times*, no dia 30 de outubro daquele ano.

Na época, o transporte ferroviário era considerado de má qualidade, estigmatizado pela declaração de William Vanderbilt, magnata das ferrovias, que ao ser indagado pelo repórter do *Chicago Daily News*, John Dickinson Sherman, em 1883, sobre os péssimos serviços aos passageiros, respondeu: "o público que se dane".

Esta declaração inspirou o surgimento das relações públicas, com o propósito de indicar ações que revertessem essa visão.

Em vez de um simples comunicado à imprensa, comum desde aquela época, Ivy Lee produzia *releases* com os elementos do jornalismo.

As suas passagens pelas editorias de economia dos jornais *The New York Times*, *New York Journal* e *The World* deram subsídios para a produção de seus materiais.

As informações repassadas por Lee eram resultados de apuração, texto rigoroso e com valor de notícia, embora revelasse apenas "a versão da verdade" de seus assessorados.

Além de atender aos interesses dos clientes, Lee colaborava com os repórteres e fotógrafos, dando acesso aos locais dos fatos, às fontes, dados e personagens para enriquecer as reportagens sugeridas.

Seus princípios eram informação exata, de interesse público e de uso facultativo pelos jornais.

Mesmo em momentos de crise, ele promovia uma relação aberta com a mídia, defendendo que "o público deve ser informado".

Outro pioneiro das relações públicas, Edward Bernays, refinou o uso do *release*, embora publicista.

Esse modelo de *release* proposto por Lee ganhou configurações pelo mundo, em especial no Brasil.

Inclusive manteve-se a sua grafia original em inglês, *press release*, mais recentemente reduzido para apenas *release* e uns poucos usam a forma aportuguesada, "relise".

Pode-se traduzir como "comunicado" ou "material liberado para a imprensa".

É o instrumento usual e tradicional que, de certa forma, simboliza a assessoria de imprensa, por ser a sua principal ferramenta nas relações com a mídia.

Trata-se de material informativo de cunho jornalístico, que serve de pauta ou material para publicação.

Seu objetivo é informar ou chamar a atenção do jornalista para que um assunto se torne notícia.

Reúne um conjunto de informações sobre um assunto, mas sob a ótica de quem emite.

Há um refinamento na sua produção e o *release*, cada vez mais, deixa de ser um *commodity* (produto primário padronizado) para se tornar um instrumento estratégico de comunicação.

Contrariando a proposta de Lee, por um período histórico, o *release* não passava de propaganda disfarçada.

Chegava às redações via departamento comercial dos jornais e atendia às vaidades dos anunciantes.

Seu conteúdo somente exaltava a fonte e a sua organização, com adjetivos elogiosos.

Esse modelo prevaleceu principalmente durante os 20 anos do regime autoritário de governo no Brasil, a partir de 1964.

A ditadura, ao mesmo tempo que censurava e perseguia alguns jornalistas, oferecia notícias prontas e mimos a outros.

Nessa época houve uma proliferação de assessorias governamentais, chamadas de "chapa branca", rendendo ao *release* má fama e preconceitos, uma "verdadeira praga".

Segundo Gerson Lima (1985), nesta época "a busca da informação começa a inverter-se, ou seja, ao invés do repórter ir diretamente à fonte, as fontes, representadas por inúmeros *press releases* de assessorias, passaram a inundar as redações".

Mas com a redemocratização, em meados da década de 1980, o *release* voltou a ser um vigoroso artefato de divulgação, apesar da sustentação de alguns equívocos.

A maioria dos *releases* vale-se de técnicas jornalísticas, mas do ponto de vista da organização que fornece a informação.

A princípio é entendido com uma sugestão de pauta e não uma notícia pronta.

Mas, muitas vezes, é veiculado parcialmente e inclusive na íntegra, de maneira gratuita.

Enquanto ao jornalista caberia "checar a fonte, investigar o fato, descobrir o que há por trás daquela informação e aí sim utilizá-lo como pauta ou mesmo publicá-lo", recomenda Lima (1985). Mas raramente isso ocorre.

O veículo não informa ao público a origem (*release*) nem a autoria (assessor), embora alguns "jornalistas" assinem a matéria que não produziram.

Isso porque, ao publicar o *release*, o jornalista e o veículo assumem e avalizam as informações.

Por isso há uma enxurrada diária de *releases* nas redações, entupindo a caixa de entrada de e-mail dos jornalistas, e parece aumentar.

A maior parte é de qualidade duvidosa, principalmente pelas informações distorcidas e incompletas.

Por isso a maioria é simplesmente jogada fora, ou deletada.

Por outro lado, o *release* é bastante útil, quando colabora para a produtividade das redações. Especialmente quando a notícia chega pronta e gratuitamente.

A informação relevante é resultado do trabalho profissional e competente de assessores que dominam a técnica e se relacionam adequadamente com os colegas nos veículos.

Adaptam a notícia aos interesses e características de cada tipo de mídia e especificidade do veículo, editoria ou seção.

"Não apenas identificam e divulgam, como também produzem acontecimentos, fatos e informações com base nas possibilidades de tornarem-se notícia, com conteúdo e formato pronto para ser aceito pelos meios", qualifica Jorge Duarte (2018).

Por isso, a maioria das notícias veiculadas tem origem nas organizações com estrutura profissional de comunicação.

Na mídia há uma evidente redução das equipes de reportagem e aumento no número de editores.

São profissionais assoberbados e cada vez mais ocupados em gerir a avalanche de *releases* e sugestões de pauta.

Práticas e estudos comprovam algumas características que tornam o *release* uma peça irrecusável.

A técnica de elaborar um *release* está praticamente consolidada. Seu uso constante acabou por padronizar o seu formato.

Mas, se a padronização facilita, algumas regras transformaram a sua redação tão complexa quanto um texto jornalístico.

O formato do *release* é diferenciado por tipo de mídia.

Para as revistas, os textos são mais extensos, recheados de personagens, histórias e informações diferenciadas daquelas enviadas à imprensa diária.

A TV e o rádio preferem textos curtos, escritos em linguagem coloquial, normalmente redigidos em letras maiúsculas.

Nestes casos, evitam-se as transcrições de declarações, embora se devam indicar as fontes para gravar um depoimento (sonora).

Segundo Duarte (2018), um bom *release* "deve ser objetivo, claro, direcionado a quem realmente possa ser atraído por seu conteúdo – portanto, o mais personalizado possível".

Este autor relaciona os critérios que os jornalistas na mídia utilizam para o aproveitamento dos *releases*:

- Credibilidade: conhecer e confiar no assessor de imprensa, na fonte e na organização provedora da informação é fundamental;
- Interesse público: ser relevante o suficiente para "interessar ao público do veículo, da editoria, do programa, do colunista", portanto, adaptado a cada um e adequado à política editorial;
- Ser novidade: a informação ainda não foi divulgada ou o público desconhece. Abordagens diferentes de um assunto tratado na mídia podem interessar;
- Disponibilidade: fontes disponíveis e materiais acessíveis;
- Exclusividade: informação relevante oferecida a determinado repórter, colunista ou veículo, tem preferência e provavelmente mais espaço. "Jornalistas sempre vão preferir material restrito e exclusivo".

Geralmente é pelo título do *release* que os jornalistas na mídia se interessam pelo restante do texto ou pela pauta.

Um bom título distingue-se pela curiosidade, sendo objetivo e chamativo como uma manchete.

É estruturado com substantivos, verbo e, de preferência, sem adjetivos (exceto em declarações entre aspas).

Deve anunciar, refletir e sintetizar o seu conteúdo, chamando atenção do jornalista e, consequentemente, do seu público.

O verbo é indispensável, de preferência no presente e que indique uma ação.

Deve-se avaliar a transcrição do nome da fonte ou da organização, desde que seja essencial.

Não é longo nem curto. Em geral ocupa uma linha, de quarenta a cinquenta toques. É redigido em uma fonte maior e em negrito.

"Além de ser sintético, deve ter características jornalísticas", ensina Duarte (2018).

Portanto, o seu conteúdo segue a estrutura de uma matéria jornalística.

Pelo título e o primeiro parágrafo (lide), o jornalista avalia se o conteúdo interessa ou não.

Este parágrafo caracteriza-se pelo resumo introdutório do conteúdo.

Em geral, responde as cinco perguntas básicas do jornalismo: o que, quem, quando, onde, como e por quê? A ordem muda conforme a sua importância.

Aqui também se exige um poder de síntese, para agilizar a leitura e a compreensão do tema proposto.

Ainda deve apresentar um "gancho", algo que "segure" o interesse pelo assunto, para estimular a continuidade da leitura.

Palavras que despertam o interesse: inédito, novidade, hoje ou amanhã, novo, diferente, maior, exclusivo etc.

Evitam-se declarações entre aspas, embora, dependendo da relevância de seu conteúdo, sejam inevitáveis.

A partir daí, encadeia-se o texto dentro da técnica da pirâmide invertida, hierarquizando-se as informações de forma decrescente, da mais importante para a menos.

A objetividade, concisão, atualidade e rigor são as principais virtudes de um *release*.

Portanto, enfatizando, é fundamental as técnicas da redação jornalística.

"O texto deve ser notícia do ponto de vista da publicação à qual se destina. É para informar, subsidiar ou orientar o jornalista, não para bajular o assessorado, vender produtos ou promover as qualidades da organização", orienta Duarte (2018).

Em geral, as opiniões devem levar aspas e indicar a autoria, com nome e cargo.

O autor enumera outras características de um texto para a mídia:

- Fonte usual (Arial ou Times), corpo 12;
- Parágrafos com no máximo 10 linhas;
- Evita-se frases e palavras em maiúsculas, exceto siglas e abreviaturas quando não formam sílabas (CNBB, INSS, TV);
- As silábicas são grafas em caixa alta e baixa (Apae, Senai, Unesco), exceção àquelas com três ou menos letras (USP, ONU, FAO);

- Não se usa ponto de exclamação;
- Suprime-se "adjetivos, frases longas, jargões, repetição de ideias e palavras";
- Prefere-se voz ativa, ordem direta e orações encadeadas;
- Ao final, "ler o conteúdo em voz alta para verificar a sua fluidez".

Além de todas estas virtudes, outros elementos recheiam e complementam a informação.

Um dos recursos é a "gravata" ou "olho", uma frase destacada abaixo do título para explicar do que trata o *release*.

É uma maneira de amparar e complementar o título, além de facilitar a transição para o texto. Em geral é uma linha fina, escrita em estilo gráfico diferente, geralmente em itálico.

Outra forma de tornar o texto mais agradável e menos denso é o uso de intertítulo.

Utiliza-se em texto mais extenso, para dar uma pausa e reforçar algum aspecto a ser tratado.

Ao final, recomenda-se uma série de informações de referências, pois não se trata de uma peça anônima:

- É indispensável o nome completo do assessor de imprensa, autor do texto e seus contatos (telefone, celular e e-mail);
- Caso o material inclua imagens, deve-se indicar o nome do fotógrafo para os devidos créditos;
- Eventualmente indica-se uma ou mais fontes (nome, cargo e contatos) para declarações ou informações adicionais;
- Também é necessário informar a data, para orientar os jornalistas sobre a atualidade do *release*.

Duarte (2018) classifica os *releases* em vários tipos:

- Padrão: *release* típico e rotineiro, que trata apenas de um tema, distribuído para um grupo variado de jornalistas;
- Opinião: predominam as ideias e opiniões de uma fonte;
- Exclusivo: mais comum o envio para um colunista, em forma de nota;
- Especial: depoimentos e fontes, detalhado, com muitas informações, que contextualizam e aprofundam o tema. Usado para reportagens especiais ou em cadernos especializados;
- Embargado: enviado com o compromisso que não seja divulgado antes de determinada data ou horário;
- Segmentado: conteúdo adaptado para determinado grupo de jornalistas, com características específicas.

De acordo com os resultados da pesquisa do Comunique-se (2017), os jornalistas abrem e leem 30% dos e-mails com *releases*.

Cerca de 80% dos jornalistas acham necessário o envio de *release*, "porém mal praticado, recebo muito material inútil".

Quase 19% aprovam, pois aproveitam a maioria do material e apenas 1% descarta totalmente.

Release por e-mail é spam? Para 92%, não.

Por que o jornalista abre e lê e-mail com *release*? Pela ordem de importância:

- Título da mensagem;
- Nome da fonte no remetente da mensagem;
- Mensagem personalizada;
- Nome da assessoria de imprensa no remetente da mensagem;
- *Follow-up* da assessoria.

A distribuição do *release* deve ser criteriosa, ou seja, seletiva, com filtros por tipo de mídia, editoria ou programa e direcionado ao repórter ou editor certo.

Quanto mais refinado for o envio, maior será a chance de aproveitamento do material, pois o jornalista valoriza quando recebe uma pauta de seu interesse e ajustada à sua área.

Pesquisas mostram que a principal queixa dos jornalistas é o recebimento de *releases* fora do contexto.

Por isso a necessidade de manter o *mailing* atualizado, devido à grande rotatividade nas redações.

Outro equívoco é o envio nos horários de fechamento, chamados de *dead line*. Cada tipo de mídia, editoria ou programa tem seu tempo limite.

Nos jornais diários, algumas editorias têm o fechamento cedo, entretenimento, outras mais tarde, como política e esportes.

Em geral as revistas mensais fecham com uma semana de antecedência e nas semanais, cada seção segue um prazo. Nas mídias eletrônicas (rádio e TV) e digital (internet), os fechamentos são dinâmicos.

Isso exige do assessor e da fonte um controle dos horários de fechamento específicos por veículos, editorias ou programas.

Visões críticas de alguns autores sobre o *release*:

- "*Release* não é notícia, embora possa ter a pretensão de sê-lo. É um instrumento de relação entre fontes e redações", Manuel Carlos Chaparro;
- "Mesmo sendo um instrumento de comunicação unidirecional, oficial, formal, vulgar, dependendo do seu conteúdo e circunstância de envio, o *release* pode ser bem-vindo em uma redação", Jorge Duarte;

- "Os *releases* continuam sendo válidos, mas aquele *release* padrão foi, pouco a pouco, perdendo sua eficácia", Wilson da Costa Bueno;
- "Contém tudo o que a organização gostaria que se dissesse dela", Clóvis Rossi;
- "O jornalista não vai às fontes. As fontes fazem chegar a ele o que lhes interessa divulgar. Bem mastigadinho", Bernardo Kucinski.

Outros instrumentos

Além do *release* há outros instrumentos no relacionamento com a mídia.

Vão desde as notas para os colunistas e comentaristas, sugestões e boletins de pauta, até áudio e vídeo *releases*.

Também são utilizadas sala de imprensa, kit de imprensa, nota oficial, artigos, treinamento de mídia e principalmente as entrevistas individual, exclusiva e coletiva.

Tudo isso e outras maneiras de atuação formam um conjunto de ações e estratégias que visam a profissionalização das relações com a mídia.

A credibilidade da nota

Para os colunistas especializados (jornais, revistas, internet) e comentaristas (rádio, TV), deve-se evitar o envio de longos *releases*.

A preferência é pela nota, caracterizada por um texto curto, entre cinco e sete linhas, mas com a notícia completa.

As colunas estão entre as seções mais lidas e os comentários, os que mais prendem a atenção dos telespectadores e ouvintes.

Geralmente, o colunista quer notícia exclusiva ou diferenciada e antecipada.

Quando é dada em primeira mão, funciona como uma pauta para os veículos em geral.

Normalmente a informação é publicada com a opinião ou o ponto de vista do colunista.

Por isso, ganha importância pela credibilidade do colunista ou comentarista, principalmente quando há uma leitura na entrelinha da nota.

A sugestão de pauta aguça o interesse

Embora o *release* funcione como uma sugestão de pauta, esta tem grande receptividade nas redações da mídia.

Caso o tema mereça uma atenção especial, uma sugestão de pauta por e-mail ou por telefone aumenta as chances de virar notícia.

Normalmente há uma negociação sobre a forma de abordar o assunto, os personagens etc.

Isso proporciona a personalização da pauta, embora a exclusividade não necessariamente ocorra.

Essa "degustação" traz o tempero das questões do jornalismo: o que, quem, como, quando, por que e onde; não necessariamente nesta ordem.

Outra técnica é o boletim de pauta.

É uma forma bastante utilizada pelos órgãos públicos devido à oferta de grande conjunto de assuntos.

Trata-se de um "alerta" para os jornalistas dos temas a serem tratados em determinado período.

Geralmente são algumas linhas sobre cada assunto e com *links* e indicação das fontes e formas de contato.

A sua disponibilidade é regular e dirigida a um grupo restrito de jornalistas. Em geral, são destinados a pauteiros, chefes de reportagem e editores.

A pauta exclusiva

Na pauta exclusiva o assessor entra em contato com determinado jornalista que possa ter interesse no assunto e apresenta a proposta de pauta, garantindo a exclusividade.

Esse acerto prévio implica no compromisso, pelo assessor, de não repassar a pauta para outra mídia ou jornalista até que seja liberado o seu aproveitamento.

Segundo Jorge Duarte (2018), a sugestão de pauta, "pela personalização, aumenta as chances de uso".

Vídeo e áudio releases

Além do *release* escrito, cresce o uso e aproveitamento do áudio e vídeo *releases*.

Têm grande aceitação, particularmente quando aborda temas de utilidade pública.

Vem se tornando muito útil porque o jornalismo, com redações cada vez mais enxutas, tornou-se multimídia e utiliza várias plataformas.

Geralmente o *vídeo-release* traz imagens, entrevistas ou "sonoras" sobre eventos, para a televisão e internet.

Alia o som a depoimentos e imagens de diversos ângulos, que ilustram o conteúdo.

Usa-se microfone direto ou de lapela, sem qualquer identificação.

Também servem como sugestão de pauta para a mídia impressa, mesmo porque a maioria dos jornais e revistas têm seus portais de notícias.

Ainda se pode transformar em vídeo uma informação com amplo aproveitamento nas mídias digitais da própria organização.

Aliás, com a tecnologia digital tornou-se fácil e barato produzir material de áudio e de vídeo.

Para Ana Maria Bahiana (2015) são peças "onipresentes, quase onipotentes", e têm a idade das mídias contemporâneas, "de costura tão exata e benfeitas", que o público nem percebe quem produziu.

Como redigir artigos

Ao contrário do que se possa imaginar, artigo em jornal, revista e internet têm uma repercussão surpreendente.

Embora pouco lidos, os artigos conferem credibilidade ao autor.

Um artigo pode ser sensacional, mas se quem escreveu não tem autoridade naquilo que disse, ele é nulo.

O leitor busca no artigo uma opinião abalizada, correta, mesmo que ele discorde.

A diferença entre uma matéria jornalística e um artigo, é que este é assinado e transmite uma posição ou análise pessoal do autor sobre um determinado tema.

O artigo não sofre intervenção do editor quanto ao conteúdo, embora possa haver adequação na forma como é redigido.

Não é útil apenas para informar novos conhecimentos, mas também para orientar as pessoas, por isso o grande sucesso dos textos de autoajuda.

Geralmente no artigo, a novidade é o que menos interessa ao leitor, mas a orientação de um assunto em discussão.

Temas atuais e que ainda não têm uma posição definitiva, colocam-se entre os mais lidos, porque o leitor quer saber os vários ângulos de um mesmo assunto.

Em geral, jornais e revistas só aceitam artigos inéditos.

Algumas dicas de redação de artigos:

- Título curto, no máximo cinco palavras. Ele deve despertar a atenção. Não se coloca ponto final em título;

- O primeiro parágrafo precisa "fisgar" o leitor, um resumo, que indica o foco do artigo;
- Se a primeira frase não conquistar o leitor, ele não irá para a segunda;
- Os parágrafos devem ser curtos, igualmente as frases;
- Escreve-se de preferência na ordem direta (sujeito – verbo – predicado), obedecendo uma ordem de pensamento;
- A preferência é pela linguagem coloquial, atraente e legível: escreve-se como se estivesse falando;
- Ilustra-se os argumentos com exemplos, histórias. As pessoas querem referências;
- Evita-se palavra difícil, erudição, citação bibliográfica, nome ou termos técnicos;
- Prefere-se palavras de uso comum. Fala-se para o leitor e não para outro colega da profissão;
- A mídia não é o lugar para apresentar teorias e descrições complexas; simplificar é o ideal. Quanto mais simples e direto, maior será a compreensão;
- Não se destaca nenhuma palavra com maiúscula, negrito etc. Em um artigo, todas as palavras e expressões tem a mesma importância. É a democracia das palavras;
- Evita-se pontos de exclamação, reticências. A exclamação deve ser do leitor.

As principais qualidades de um texto são a precisão, clareza, bom gosto e simplicidade.

Depois de redigido, deve-se ler o texto em voz alta para verificar a fluência.

Se o tom for de um papo de bar, será um sucesso de leitura.

Como e o que enviar

O conteúdo certo na hora certa. Este é um dos segredos para o seu bom aproveitamento pela mídia.

Além do *release* de texto, outros materiais são úteis para os jornalistas.

Para a mídia impressa e internet (portais e blogs de notícias e redes sociais), as fotos são bem-vindas, mas desde que tenham boa qualidade e apelo jornalístico, vinculadas ao tema da matéria.

Deve-se evitar o envio por e-mail de fotos em arquivos pesados. Uma alternativa é criar *links* para serem baixadas.

Toda foto é acompanhada de algumas informações: nome do fotógrafo (para o crédito do autor), data e a sua descrição, com a indicação do que ou quem aparece nela, da esquerda para a direita.

As mídias eletrônicas (rádio, TV) e digital (portais, blogs de notícias e redes sociais) valorizam os áudio e vídeo *releases*.

Quase todo o material é remetido via e-mail ou disponibilizado na internet em espaço específico para os jornalistas.

A proliferação do correio eletrônico facilitou o envio de materiais para a mídia (*release*, imagem etc.).

Além de prático, a principal vantagem é a agilidade.

Mas é prudente seguir estes cuidados:

- A linha "assunto" traz o resumo do tema, uma verdadeira manchete;
- Jornalistas primam pela objetividade e simplicidade, por isso, evita-se texto colorido e formatação pirotécnica;
- Um bom título e um primeiro parágrafo envolvente, objetivo e claro criam um gancho para a leitura e seu aproveitamento;
- Em vez de enviar anexos deve-se dispor de *link* para baixar ou perguntar se o jornalista deseja receber o material complementar;
- Uma boa estratégia é personalizar cada mensagem, com o nome do jornalista. Os disparadores de *releases* fazem isso automaticamente;
- Se o material for enviado para um grupo com vários endereços recomenda-se o uso da cópia oculta (Cco), caso contrário a listagem completa ficará visível a todos;
- Ao final dá-se a opção para os jornalistas ser excluído do cadastro e não receber mais seus e-mails.

Follow up não é só perguntar: recebeu?

É inoportuno enviar um material (*release*, imagem etc.) e telefonar em seguida só para saber se o jornalista recebeu e se será publicado.

Eventualmente solicita-se a confirmação do recebimento da mensagem.

Essa prática chama-se *follow up* (do inglês, fazer o acompanhamento).

Seu propósito é saber se o jornalista está satisfeito com o material que recebeu e se precisa de dados.

Aproveita-se esse momento para instigar e acender o interesse pela pauta. Uma estratégia é oferecer um dado adicional exclusivo.

Isso agrada o jornalista e, desse modo, estreitam-se as relações, ganha-se confiança e mostra um trabalho profissional.

Pesquisa do Comunique-se (2017) indica que a maioria dos jornalistas aprova este procedimento, desde que bem praticado.

Se for para acrescentar dados ou sugerir personagens (62%) e não só para reforçar a pauta (24%). E tampouco apenas para perguntar: "e aí, recebeu o *release*?" (6%).

Pela ordem, os jornalistas desaprovam o *follow-up* quando o assessor ou a fonte quer "vender o seu 'peixe' a qualquer preço", não domina o assunto e faz ligações no *dead line*.

Há casos que se faz necessário o *follow up*, como a confirmação da presença do repórter em uma entrevista coletiva, por exemplo.

Sala de imprensa on-line

A sala de imprensa no site da organização ou personalidade ajuda o jornalista na produção de uma matéria.

Trata-se de um espaço privativo com informações específicas para jornalistas, que facilita a oferta, atualização e o acesso ao conteúdo.

Mas um dos problemas é a exigência de um longo cadastro dos jornalistas. Depois, equivocadamente, gera-se login e senhas complexas.

Conquanto basta um cadastro simples: nome, e-mail, veículo de comunicação e editoria.

Em seguida, com apenas a inserção do endereço de e-mail ou nome do jornalista deveria se permitir o acesso.

O cadastro é importante para alertar os jornalistas sobre atualização de informações.

Algumas organizações oferecem conteúdos totalmente abertos, o que deixa de ser uma informação privilegiada.

Outro equívoco é espalhar as "notícias" pelo site, gerando confusão por excesso.

Conforme a pesquisa do Comunique-se (2017), quase 92% dos jornalistas concordam com as salas de imprensa e 23% têm o hábito de visitar.

Lá buscam pautas, fontes, abordagens diferenciadas e conteúdos complementares.

No entanto, 93% topam com reproduções de *releases* desatualizados.

Também não tem interesse em *clippings* de reportagens publicadas.

Quando encontram algum material, na maioria das vezes são textos adjetivados, autênticas peças publicitárias.

As afirmações quase nunca se legitimam de "empresa líder", "maior produtora", "socialmente responsável", "em defesa do cidadão" etc.

Em geral, os dados são frágeis e não comprovados.

Grande parte das salas de imprensa não dispõem ao menos de um sistema de busca.

A sala de imprensa ainda não se firmou como espaço de referência para os jornalistas.

Enquanto a sua função seria "possibilitar a ampliação dos contatos com a imprensa, de forma ágil e interativa", observa Wilson da Costa Bueno (2009).

Pesquisas de Bueno (2014), Duarte e Carvalho (2018) mostram o que os jornalistas buscam na sala de imprensa e o que esperam encontrar:

- Cadastro simplificado e fácil acesso com apenas um ou dois cliques;
- Navegabilidade intuitiva, clara e direta;
- Sugestões de pautas atualizadas;
- *Releases* organizados por tema e data;
- Informações da organização: dados, pesquisas e estatísticas, inclusive do segmento que atua e o histórico, de preferência em forma cronológica;
- Dados financeiros e de investimentos;
- Perfil das fontes e suas fotos, bem como um guia de fontes (nome, cargo, especialidade) e, eventualmente, os dados para o contato;
- Imagens em baixa e alta resolução (72 e 300 dpi), com *link* para baixar;
- Áudio e vídeo *releases*;
- Agenda dos principais executivos e autoridades, bem como a programação dos principais eventos da organização;
- Identificação dos profissionais de assessoria de imprensa e seus respectivos contatos (telefone, celular, e-mail);
- Área para consulta, de preferência atendimento on-line (chat ao vivo).

O kit de imprensa

O *kit* de imprensa, ou *press kit*, é outro instrumento de apoio importante nas relações com a mídia, caracterizado por um volume superior de informações.

Trata-se de um conjunto de materiais, geralmente em uma pasta, caixa, sacola ou envelope, distribuído aos jornalistas em algum evento ou entrevista.

É um misto de informações jornalísticas e brinde para o repórter.

Contém *release*, perfil da organização ou personalidade (histórico, produtos e serviços, segmento de atuação etc.), fotos, cópias de documentos, discursos, vídeo, bloco de anotações, caneta etc.

Fornece subsídios em abundância para motivar e ajudar o trabalho do repórter, como um complemento ou apoio na contextualização da matéria.

Também pode orientar editores, pauteiros e produtores de telejornalismo na produção da pauta.

Evitam-se os materiais promocionais, como folhetos e propaganda.

Em geral é distribuído nas versões impressa e digital (internet, *pen drive*).

Mídia *training*

Para melhorar a capacidade de comunicação das fontes com a sociedade por meio da mídia, é comum a realização de um treinamento denominado de mídia (ou *media*) *training*.

Geralmente é realizado em formato de oficina (*workshop*) por uma equipe de profissionais qualificados para orientar sobre as peculiaridades da mídia.

São orientações e dicas que visam uma convivência produtiva com jornalistas e, consequentemente, uma exposição positiva na mídia.

Quase sempre este treinamento engloba a simulação de entrevistas, ou seja, um treino em laboratório, seguido de uma análise conjunta do desempenho diante de câmera e microfone.

Eventualmente se inclui uma palestra de um jornalista, para que ele fale sobre a sua rotina e expectativas de atendimento pelas fontes.

Este treinamento não opera milagres, mas contribui para quebrar paradigmas, mudar conceitos e motivar a boa vontade.

Foi-se o tempo que mídia *training* era realizado somente em momentos de crise, diante do pressuposto de que o jornalista assume o papel de "promotor, júri e carrasco".

Esse era o argumento para convencer as organizações da sua realização.

Agora, as fontes procuram neste treinamento uma forma de se preparar para um relacionamento produtivo e de resultado.

De acordo como Heródoto Barbeiro (2015), essa capacitação não é um adestramento de fontes.

Visa construir e manter um bom relacionamento com a mídia e projetar uma boa imagem institucional, não de venda (embora ajude), pois ao jornalismo o que importa é a noticiabilidade.

Os formatos básicos

Jorge Duarte e Armando de Faria (2018) classificam os formatos de mídia *training*:

- Capacitação contínua: preparação rotineira realizada pela equipe de comunicação para melhorar o desempenho das fontes. Inclui mensagem-chave, simulação, orientações, dicas. Ocorre também antes de uma entrevista, para fornecer subsídios e depois, para avaliar a performance;
- Simulação especial: capacitação para uma situação específica, geralmente para tratar de tema sensível e em situação de crise. Trata-se de um reforço para a fonte capacitada anteriormente;
- Oficina: duração de seis a oito horas, envolvendo um grupo pequeno de até 10 participantes. Conta com palestra e exercícios, notadamente simulações de entrevistas gravadas em vídeo e posteriormente analisadas em grupo. Geralmente é coordenada por especialista e pode envolver cinegrafista;
- Palestra: ministrada por profissional especializado, que aborda aspectos específicos das relações com a mídia, como o que é notícia, estrutura das redações, como dar entrevista, importância da mídia etc. É útil para potencializar o trabalho de assessoria de imprensa e motivar as fontes para entrevistas.

Outra opção é um curso on-line com dicas, orientações, gravações de simulações e disponibilidade de materiais de apoio.

Seja qual for o formato, o número de participantes define a forma deste treinamento.

Também Duarte e Faria (2018) ordena os modelos didáticos:

- Individual: para apenas uma fonte e aborda a sua especificidade, sem dispersão e total atenção. Identifica suas deficiências e explora o seu potencial;
- Grupo heterogêneo: treinamento em conjunto para profissionais de diferentes áreas e cargos, para introduzir questões básicas de relações com a mídia, principalmente por meio de palestra;
- Grupo homogêneo: o perfil dos participantes é similar. Capacita várias pessoas para entrevistas temáticas, permitindo identificar "visões sobre uma realidade, discutir e definir mensagens, alinhando o discurso", geralmente em oficina;
- Grande grupo: pode ser homogêneo ou heterogêneo, com palestra, vídeos, análise de casos e, eventualmente, com simulações de entrevistas com alguns participantes, em geral como porta-voz de uma equipe.

O que se espera de uma fonte capacitada

As organizações dependem de seus gestores, investidos de fontes de notícias, para dar visibilidade às suas ações, ideias, valores e realizações.

De uma fonte ou de seu porta-voz (aquele que fala em nome da fonte) espera-se que compreenda a dinâmica da mídia, atenda às demandas, seja proativo e capaz de transmitir mensagens consistentes e influenciar o público.

Uma fonte capacitada fortalece a cultura de comunicação e obtém resultados efetivos.

Conforme Duarte e Faria (2018), "fontes que conhecem e sabem lidar com a imprensa conseguem mais visibilidade, dialogam melhor com a sociedade, minimizam e enfrentam crises de maneira mais eficiente".

Os autores enumeram os requisitos básicos de uma fonte: compreensão e respeito à mídia, credibilidade, domínio do tema, serenidade, simplicidade e clareza.

Também se espera objetividade, firmeza, precisão, capacidade de improviso e argumentação, além de saber apresentar ideias e informações, formular e transmitir mensagens.

Padrões de convivência

A necessidade e vantagens de se estabelecer vínculos amistosos e produtivos com a mídia nem sempre são facilmente percebidas.

Jorge Duarte (2006) identifica quatro padrões de convivência, sendo possível uma combinação entre os modelos:

- Cooperativa: quando se estabelece e qualifica processo de convivência profissional, mesmo tensa com jornalistas. As fontes atendem as demandas e difundem informações;
- Instrumental: as fontes buscam a mídia para obter promoção, visibilidade, idealizar uma imagem e fazer jogo de poder;
- Defensivo: retração, por achar que a mídia é um problema a evitar, por desconfiança, desinteresse ou insegurança e incompetência comunicativa;
- Beligerante: a mídia é tratada como inimiga, geralmente de forma velada. Há uma politização da relação, muitas vezes como fuga das entrevistas.

Os principais equívocos

Embora eficiente, esse treinamento é perseguido por alguns equívocos.

Os jornalistas consideram uma forma da fonte aprender a "enganar a imprensa".

Outros acham que torna as fontes "engessadas" e menos espontâneas.

Alguns julgam desnecessário; uns poucos desconhecem.

Para a organização pode representar mais uma despesa, pois empresas especializadas costumam cobrar – e bem – pelo treinamento e pela palestra do jornalista "famoso".

Há quem ache improdutivo, pois a maioria é focada na gestão de crise.

Outros argumentam ser tempo perdido, pois dominam o assunto.

Entrevista

A principal forma da fonte se relacionar com o jornalista é por meio da entrevista, seja individual, exclusiva ou coletiva.

Para que qualquer entrevista tenha um bom resultado, a fonte precisa estar bem preparada, receber adequadamente o jornalista e dominar o assunto em pauta.

Antes de uma entrevista, a fonte deve se informar detalhadamente sobre o assunto a ser tratado.

É recomendável certificar-se quem é o jornalista, o veículo e o seu perfil.

Deve-se recorrer às áreas afins ao tema proposto para dispor das informações necessárias.

É hora de reunir estudos, estatísticas, números, gráficos, exemplos, datas, nomes e dados para enriquecer a entrevista.

Aconselha-se a preparar um material impresso e digital (*press kit*) com as informações relevantes, notadamente os dados, para evitar erros de anotação ou interpretação.

É o momento de explorar o tema, ampliar a pauta e enriquecer a matéria com novos ângulos e observações.

Assim se evita que o repórter busque informações em locais e fontes não confiáveis.

Toda entrevista exige preparação, não apenas para dominar o assunto, mas a forma de como apresentar o conteúdo.

Deve-se ensaiar, sem decorar, e se possível, fazer simulações da entrevista.

Outros suportes podem incluir sumário, roteiro, anotações e mensagem-chave. Isso evita improvisação.

A mensagem-chave

Cada entrevista é uma oportunidade valiosa para transmitir mensagens relevantes.

Uma técnica é definir mensagens-chave, no máximo três (o ideal é uma), para enfatizar pontos indispensáveis na entrevista.

São afirmações formuladas previamente que a fonte deve enfatizar durante a entrevista para esclarecer, convencer e destacar o assunto em pauta.

São preparadas com frases de efeito, fatos, dados, casos, exemplos e argumentos convincentes.

Essas mensagens devem ser claras, objetivas, relevantes, concisas e de fácil memorização.

Jorge Duarte (2018) sugere o uso da fórmula ICCO:

- Interessante: capaz de despertar a atenção do público;
- Clara: simples, compreensível, fácil de entender e lembrar;
- Consistente: densa, crível, convincente, concreta;
- Objetiva: breve, curta, direta.

Os procedimentos antes da entrevista

Antes mesmo da entrevista propriamente dita ocorre a recepção da equipe de reportagem.

É preciso receber na hora combinada.

Mesmo quando o repórter se atrasa, atende-se imediatamente, pois ele corre contra o tempo.

É prudente fornecer o cartão de visita para que o nome e o cargo da fonte sejam editados corretamente.

Evita-se conceder entrevista em corredores e lugares tumultuados por conta dos ruídos e interferências.

A sala de trabalho do entrevistado também não é apropriada, pois em geral constam documentos sigilosos e materiais pessoais, como fotos da família etc.

Propõe-se um ambiente adequado e confortável.

Algumas organizações dispõem de local e painel com a marca da organização, próprios para entrevistas.

Negocia-se um tempo plausível para se preparar.

O nervosismo e o pânico

É normal um eventual desconforto e até mesmo o pânico antes de uma entrevista.

Durante a entrevista, o repórter utiliza-se de múltiplas atitudes (frieza, entusiasmo, envolvimento) para obter a empatia e deixar o entrevistado falar livremente.

A entrevista envolve um intercâmbio de percepções entre o entrevistado e o repórter.

O tom da voz, o nervosismo ou irritação sinalizam o estilo do entrevistado e o ritmo do diálogo.

Algumas perguntas podem ser embaraçosas e inconvenientes.

Isso irrita o entrevistado, que deve manter a calma e responder com firmeza e convicção, mas sempre com cordialidade e respeito.

Outras perguntas parecem simplórias, bobas até, talvez por técnica ou desconhecimento.

A maioria dos repórteres, e o público, é generalista e tem um conhecimento superficial sobre os temas. Isso exige das fontes respostas didáticas.

Porque tão fundamental quanto falar, é captar a atenção e obter a compreensão da audiência.

Afinal, o resultado do processo da comunicação é o que o outro entende.

Por isso a importância da empatia, colocar-se no lugar do público.

Vale a pena perder um pouco do rigor técnico em benefício da compreensão.

A introdução à entrevista

O ideal é a fonte conversar um pouco com o repórter antes da entrevista.

Assim, é possível verificar o tema, o ângulo e deduzir o que será perguntado.

Nesse momento a fonte dirime as dúvidas, destaca o seu ponto de vista e o que pretende enfatizar.

Possibilita que se faça uma rápida abordagem do tema e antecipe questões, principalmente aquelas mais vulneráveis.

É hora de fornecer dados para subsidiar as perguntas, inclusive material de apoio (*press kit*).

Isso cria um clima amistoso e favorável, direcionando as perguntas.

Em geral, dá ao entrevistado a chance de pautar, em vez de ser pautado.

Desse modo, o repórter pode fazer perguntas mais direcionadas e na perspectiva da organização.

Essa introdução diminui o risco de erro e maximiza a qualidade da entrevista.

As informações e declarações nessa introdução estão valendo e o repórter pode usar.

Nada a declarar: tudo a esconder

É compreensível que a fonte queira omitir fatos de difícil e complicada explicação, para não gerar provas contra si.

Mas jamais deve retrucar às perguntas contundentes com as expressões "sem comentários", "nada a declarar" ou "fui orientado pelo advogado a não falar".

Além de arrogante, isto denuncia concordância à pergunta.

Os jornalistas e o público já sabem que estas respostas engendradas significam "tudo a esconder".

Toda fonte almeja relatar fatos positivos de suas ações ou impedir que se espalhe uma versão inconveniente.

Mas não se admite desculpas esfarrapadas, evasivas e rodeios de quem adultera os fatos para tergiversar uma "realidade" e produzir a versão de uma "verdade relativa".

Também não resolve mudar de tema ou tangenciar por assuntos paralelos.

Sem fugir das perguntas, é preferível ajustar as respostas ao mundo inteligível das ideias, onde predomina a opinião.

Portanto, "nada a declarar" é bem mais que uma frase de efeito.

O que se evitar

Evita-se falar em *off* (não ter o nome citado na matéria), exceto quando houver um acordo, mesmo que tácito.

Como regra, informa-se ao jornalista apenas aquilo que pode ser veiculado.

É preciso uma longa relação de confiança para confidências que garantam o sigilo de fonte.

Trata-se de um recurso – o *off* – para mostrar "os bastidores, o pano de fundo de uma situação, fazer análises, passar informações que não podem ser assumidas publicamente", alerta Jorge Duarte (2018).

Caso contrário, quando não puder abordar um assunto, é recomendável dizer claramente ao repórter.

Também se recomendam frases curtas, fala pausada e boa dicção para facilitar as anotações e evitar transcrições incorretas. No entanto, sem ditar as frases.

É preferível utilizar o vocabulário coloquial, sem jargões nem termos técnicos, tampouco estrangeirismos e siglas enigmáticas, porque na mídia em geral o público é variado e a maioria não domina conhecimentos especializados.

Mas é permitido quando seguido por uma explicação, por exemplo, "embargo infringente, ou seja, direito a um novo julgamento". Isso contribui para o conhecimento geral da população.

A exceção incide em entrevista para uma mídia especializada e direcionada para o público que domina o tema.

Ainda se evitam as gírias, palavrões e vícios de linguagem: "né", "daí", "a nível de", "então", "veja bem".

Nem se usam expressões que denotam insegurança: "eu acho", "pode ser", "talvez" etc.

Não se pede para o jornalista ler as anotações que fez. Isto provoca constrangimento.

Nunca se solicita ao repórter para mostrar o texto antes de publicar. Esta atitude melindra.

Evita-se perguntar a data da publicação, o espaço e o destaque que será dado à matéria, notadamente na mídia impressa.

A entrevista coletiva

Uma entrevista coletiva mobiliza vários jornalistas de diferentes mídias em um único local e ao mesmo tempo, em torno de um fato específico.

Sua realização limita-se a casos extraordinários, especialmente em situações emergenciais e de crise, quando muitos jornalistas procuram a organização sobre o mesmo tema.

Há uma série de preparativos para este evento, devidamente previstos em um *check list*:

- Simulação de entrevista com as perguntas prováveis;
- Apuração de todas as informações relacionadas ao tema;
- Providência de material de apoio (kit de imprensa) e brindes para distribuir aos jornalistas;
- Reserva do local, montagem da sala, som, microfones, água mineral, café etc.;
- Lista dos jornalistas, envio do convite e confirmação da presença;
- Recepcionista, mestre de cerimônia e equipe de comunicação.

Para uma entrevista coletiva, avaliam-se os seus riscos e vantagens, para decidir sobre a sua validade ou não.

Agenda-se previamente o melhor dia e em horário conveniente para a maioria dos veículos e que não coincida com outra coletiva.

Quem coordena a entrevista é o entrevistado, não os jornalistas.

Por isso, durante a entrevista, antes das perguntas, a fonte faz uma introdução, abordando todos os aspectos relevantes do assunto.

Após a explicação, abre-se espaço para perguntas concedendo a palavra aos repórteres presentes, à maioria ou aqueles que se inscreveram para perguntar.

É comum, após a coletiva propriamente dita, a fonte atender a mídia eletrônica (rádio e TV) para gravar um depoimento, reafirmando o que disse antes.

A entrevista para mídia impressa

O trabalho nas redações de jornais e revistas, em geral, é atribulado, uma corrida contra o tempo.

Mal termina uma edição, já inicia outra, às vezes simultaneamente.

Algumas pautas são acertadas com antecedência e outras fechadas no decorrer do dia.

Antes de cada edição ocorre uma reunião de pauta entre os editores e repórteres.

Definidos os temas, o editor determina o tamanho, as ilustrações (foto, infográfico), a relevância e os seus arranjos nas páginas.

A partir disto as matérias são produzidas.

Na entrevista para a mídia impressa os temas são tratados com mais detalhes.

Os jornais são estruturados em editorias e outras seções, como as colunas.

Os colunistas recebem uma atenção especial, pois além de publicarem notas exclusivas, eles "têm interesse em uma nova abordagem de um assunto já divulgado ou buscam apresentar desdobramentos interessantes sobre assuntos de grande repercussão", lembra Maristela Mafei (2012).

A entrevista para o rádio

Antes de uma entrevista para o rádio deve-se saber se será gravada ou ao vivo.

O rádio é um meio dinâmico, instantâneo, veloz e de grande alcance.

Por isso, geralmente, dá a notícia em primeira mão.

A sua transmissão e recepção são relativamente simples.

Por telefone pode-se conceder uma entrevista de qualquer lugar.

O rádio acompanha o ouvinte no trabalho, no trânsito, no lazer, em casa, seja por um aparelho de rádio, celular ou internet.

A audiência é flutuante, por isso o "comunicador" repete incessantemente o nome da fonte e o tema central da entrevista.

Vale-se de um único sentido, a audição, em que a voz e o som aguçam a imaginação.

A entonação é imprescindível. Requer articulação de frases na ordem direta, com início, meio e fim coerentes.

A sua linguagem é simples. Fala-se diretamente para o ouvinte.

É uma mídia essencialmente de serviço. Por isso, o entrevistado deve orientar o público.

Exige do entrevistado frases curtas, fala pausada e boa dicção.

As cifras e números são arredondados. Em vez de 9,8%, prefere-se 10%.

No arremate da entrevista, o entrevistado deve reforçar a ideia central em uma frase resumida.

A entrevista para televisão

Trata-se de uma mídia de grande apelo popular e seu público é diversificado e heterogêneo.

Falar na televisão tem uma regra fundamental, a concisão. Isto é, dizer tudo em poucas palavras e no menor tempo.

Cada resposta tem duas ou três frases curtas, vigorosas e de fácil compreensão.

Não há espaço para divagações, rodeios e palavras vazias.

Além da fala, outros elementos interferem na mensagem, principalmente a aparência.

Evitam-se roupas listradas, quadriculadas ou com estampas fortes. Elas provocam sensações desagradáveis ou hilariantes e interferem na qualidade da imagem.

Para as mulheres, recomenda-se moderação nos adereços e na maquiagem, evitando decotes exagerados.

Se não, o telespectador presta mais atenção na sua aparência do que na mensagem.

A fonte deve agir naturalmente:
- Postura ereta, sem ser dura;
- Gesticular moderadamente;

- Não colocar as mãos nos bolsos nem nas costas.

O entrevistado não deve segurar o microfone, nem forçar o olhar em direção à câmera.

Olha-se para o repórter, deixando que o cinegrafista cuide do enquadramento.

A entrevista em estúdio

Além do telejornalismo, são comuns as entrevistas em estúdio de programas de rádio, televisão e internet.

Muitos programas no rádio têm transmissão ao vivo pela internet, que incluem perguntas e interferências do público.

Também há vários programas de televisão com entrevista em estúdio, notadamente em canais por assinatura.

Em alguns deles, reúnem-se dois ou mais convidados, além do apresentador.

Ao contrário do telejornalismo, a entrevista em estúdio tem uma característica, um tempo maior para contextualizar as respostas, mas sem rodeios.

Também se ampliam os cuidados dos entrevistados, principalmente quanto a chegada com antecedência, apresentação pessoal (maquiagem para tirar o brilho, roupa, cabelo etc.), microfone, luz e postura.

O jornalismo on-line

Outro fenômeno é o jornalismo on-line, principalmente nos blogs, portais de notícias e redes sociais.

O jornalismo praticado na mídia digital tem características singulares.

Ao contrário da mídia tradicional, a internet não tem dono.

Antes, as notícias eram controladas pelos meios que filtravam as informações.

Agora, ninguém controla os blogs e redes sociais, exceto o seu autor e a comunidade que interage com ele.

Pode-se criar uma mídia digital com conteúdo jornalístico sem pedir autorização ao governo, sindicato ou à sociedade.

Isso está transformando o jornalismo, pois a produção de notícia deixou de ser uma exclusividade dos jornalistas.

A internet tornou-se um simulacro do jornalismo.

O público, até então passivo, passa a interagir na notícia: uma prática explícita de comunicação bidirecional.

Na internet ocorre a globalização da informação, e a notícia é postada praticamente em tempo real.

Assim como no rádio, a informação é imediata e também pauta os demais veículos.

Pode parecer estranho conceder uma entrevista para a internet, mas é cada vez mais comum.

Há uma convergência da notícia em múltiplas plataformas, pois uma entrevista para uma mídia impressa certamente será aproveitada nos seus portais de notícias.

A internet incorpora em um único suporte: texto, áudio, vídeo e imagem.

Oratória e fonoaudiologia

A oratória e a fonoaudiologia são complementos ao treinamento de mídia.

A oratória é capacidade de falar em público.

Mesmo, profissionais com excelente formação e larga experiência apresentam dificuldades de comunicação oral.

Pode ser uma voz fina, rouca; fala acelerada, lenta; vícios de linguagem e até gagueira.

Existem também os tímidos, inibidos, prolixos, descontrolados, passivos etc.

Um dos elementos é a postura, pois o corpo ajuda ou atrapalha a expressar o que se pensa.

Outro ponto importante é a projeção da voz, passando pelo volume correto até chegar à entonação ideal.

A oratória ajuda na melhoria da fluência da fala e ganho com a efetividade comunicativa.

Auxilia no controle do nervosismo, da ansiedade e domínio do "branco" ao falar em público.

Em geral, nesse treinamento se incluem atividades práticas de desinibição e fala de improviso, postura em entrevistas etc.

Portanto, para desenvolver a capacidade comunicativa é preciso exercitar e enfrentar o medo de falar em público.

Uma boa alternativa é um curso de oratória e de fonoaudiologia, para ganhar fluência e expressividade nas entrevistas na mídia.

Quando a crise vira notícia

Nenhuma organização está livre de uma crise. Prevenir é melhor que remediar. Este ditado cai como uma luva na gestão de crises na mídia.

As organizações definitivamente não são as mesmas.

Não entender as suas transformações é abrir a porta para a crise.

Ela ocorre, muitas vezes, porque há desajustes, algo em desacordo com o que a organização é.

O mundo é uma roda viva, e o imutável está mais sujeito às crises.

Afinal, são grandes os impactos das novas tecnologias, da globalização, das preferências do público, a exemplo do culto à novidade e adeus à fidelização.

Enfim, há uma nova consciência do público.

A crise na mídia

A mídia não é o único canal que torna pública uma crise. Mas é nela que ganha relevância.

O jornalismo explora as crises porque são fatos inusitados e despertam o interesse do público.

As organizações de prestígio e personalidades notórias são notícia quando forem atingidas por uma crise grave.

Vivemos na era da visibilidade total e a mídia voraz influencia a sociedade, vigia as organizações e "julga" seus atos.

O que ameniza uma crise na mídia:

- Fluxo constante e pontal de informações;
- Relacionamento passado positivo;
- Ética, transparência e profissionalismo na comunicação;
- Mídia *training*, capacitação das fontes, com simulação de entrevista;
- Escalação de uma única fonte ou porta-voz;
- Canais de interação com os jornalistas;
- Farto material para os repórteres, com informações sobre a organização e a crise.

Definição de crise

Segundo o gestor de crises norte-americano Jonathan Bernstein (2011):

Crise é qualquer situação que ameaça ou pode ameaçar a integridade de pessoas ou organizações, e seriamente interromper suas atividades, arranhar reputações ou impactar negativamente a sua imagem.

Ian Mitroff (2019) alerta que na era digital "uma crise é um evento que afeta ou tem o potencial de afetar uma organização inteira".

João José Forni (2015) entende crise como:

- Acontecimento não planejado;
- Repentino;
- Envolve muitas pessoas;
- Causa confusão, quando não pânico;
- Ameaçador;
- Emotivo;
- Desperta o interesse público;
- Gera más notícias;
- Necessita de imediata atenção;
- Se espalha com facilidade;
- Produz informações desencontradas;
- Fora de controle;
- Extraordinário;
- Cria tensão e gera curiosidade, interesse.

O autor vê a crise como uma ruptura na normalidade da organização; uma ameaça real à imagem, à reputação e ao futuro de uma organização ou governo.

Ele alerta que uma crise não chega de surpresa, ela dá sinais e a maioria pode ser prevista.

Modelo de ações da gestão de crises

Roberto Shinyashiki e coautores (2007) propõem categorias para construir um modelo de ações da gestão de crises.

São estas dez categorias:

- Prevenção de crises diz respeito à importância de planejar e formalizar ações para prevenir essas crises e minimizar as consequências;
- O planejamento de procedimentos de contingências é criar alternativas viáveis para amenizar as consequências de uma crise;
- A atenção direcionada aos *stakeholders* diz que a gestão de crises deve voltar sua atenção a todos os públicos;
- O comprometimento da direção se refere ao envolvimento da alta direção nos momentos de crise;

- A comunicação se refere à formação de uma equipe profissional específica para planejar e desenvolver uma estratégia de comunicação que forneça informações confiáveis a todos os públicos;
- Os estímulos da liderança falam da necessidade de que os líderes provam o apoio emocional e confiança e ofereçam novas direções;
- A manutenção dos valores organizacionais tem a ver com agir com honestidade, transparência e respeito para fortalecer o gerenciamento efetivo de uma crise;
- A criatividade representa o incentivo do surgimento de ideias novas, criativas, rápidas e acuradas na resolução dos problemas;
- A rapidez nas ações diz que cada crise tem um ritmo próprio de progresso, mas todas exigem respostas oportunas e rápidas em cada etapa;
- Os cuidados pós-crise fazem referência à importância de cuidar das consequências das crises, bem como de manter uma atuação no controle dos prejuízos e na reconstrução.

Tipos de crises

Forni (2015) tipifica as possíveis crises que uma organização pública pode enfrentar e que afetam a sua imagem e reputação:

- Ética na gestão pública, como uso da máquina pública, desvio de dinheiro, corrupção, superfaturamento em obras, vazamento de informação confidencial, suborno, chantagem;
- Direitos do cidadão, a exemplo da interrupção de serviços públicos, falha no atendimento, cobranças indevidas;
- Meio ambiente, com acidentes ambientais, desmatamento, contaminação ou degradação, depósito irregular de resíduos, despejo inadequado de lixo, obras não autorizadas, entre outras;
- Catástrofes naturais: enchentes, deslizamentos de encostas, incêndios, seca, raios e outros fenômenos que comprometam os serviços públicos;
- Segurança pública, como violências em lugares públicos, acidentes com transportes coletivos, greves, violência policial, reféns, falta de fiscalização em eventos públicos;
- Poder público: crise em um dos poderes constituídos, acusações, corrupção, nepotismo, uso da máquina pública, contratações irregulares, favorecimentos, epidemias;
- Danos ao patrimônio público como desastres, incêndios, desabamentos, invasões ou depredações, sabotagem;

- Imagem e reputação: uso indevido da marca ou símbolos, difamação, calúnia, boatos;
- Tecnologia: invasão de site, grampos irregulares, ataques terroristas;
- Serviços públicos: apagão elétrico, falta de água, falha na coleta de lixo, caos na saúde, falhas ou fraudes em concursos públicos, greves de servidores e outros;
- Crises de gestão: má administração, suborno, corrupção, nepotismo;
- Crises políticas: disputas eleitorais e por cargos, uso da máquina pública, conflitos partidários, denúncias.

O que pode se transformar em crise

Um problema, desastre ou qualquer outra ocorrência só se transforma em crise quando se perde o controle da situação.

Uma crise é o resultado de uma ocorrência real de algum evento, onde a situação de emergência está fora de controle.

Não necessariamente o impacto de um evento significa uma situação de crise, porém os cenários de crises são latentes.

Uma ameaça, por exemplo, é uma situação física, natural, humana ou tecnológica que tem potencial de causar danos em componentes e nas operações da organização.

Enquanto um incidente é um evento ou cadeia de eventos não planejados, o qual causou, ou poderia ter causado, lesão ou dano (perda) às pessoas, ao patrimônio, ao meio ambiente ou à reputação.

Um problema é o resultado indesejado em um processo ou componente.

A emergência é uma situação, de um modo geral inesperada, que requer ação rápida para evitar danos ou impactos negativos em relação ao público, à sociedade, aos funcionários, ao meio ambiente e ao próprio patrimônio ou de terceiros.

O desastre é a ruptura abrupta na rotina das operações da organização, provocando danos ou prejuízos graves a pessoas, ao patrimônio ou à sua capacidade operacional.

Gestão de riscos: prevenção

O gerenciamento de riscos – problema, incidente, acidente, desastre, emergência etc. - é importante para evitar ou ao menos minimizar riscos ou até mesmo crises graves.

A situação crítica pode ser prevista na maioria das vezes, desde que a organização mapeie os riscos aos quais está exposta.

Portanto, é possível prever e estabelecer estratégias de atuação antes que um evento negativo ocorra.

O risco pode ser conceituado como uma situação hipotética que possui probabilidade de ocorrer, mesmo que mínima, e que pode afetar negativamente uma organização.

Logo, o ponto central está na previsibilidade, para diminuir a incerteza e amenizar os eventos críticos no futuro.

A gestão de riscos auxilia no processo decisório, independentemente do nível de importância, uma vez que os gestores dispõem de informação e dados para nortear as escolhas da forma mais acertada possível.

Planejar a comunicação para enfrentar a crise

Wilson da Costa Bueno (2009) alerta que a crise é democrática, pois "nenhuma organização está livre de enfrentar uma crise".

Quando desencadeada, desestrutura, ainda que temporariamente, uma organização, comprometendo a sua imagem e reputação.

Embora seja difícil imunizar uma organização das crises, pode-se preparar para enfrentá-las.

Estudiosos advertem que, muitas vezes, uma crise inicia sem valor aparente, e gradativamente pode sair do controle, como uma bola de neve.

Segundo Bueno (2009), "a crise tem, no seu DNA, o vírus da desorganização, do pânico, do escândalo, que pode contaminar todo organismo".

Para amenizar seus impactos, recomendam um plano de contingência, como um sistema de segurança organizacional.

Assim, as crises, quando bem gerenciadas, podem ser controladas com vigor ou até evitadas.

As ações antes da crise

Roberto de Castro Neves (2002) afirma que "cada crise é uma crise. Não há receitas de bolo", mas existem ações de previsibilidade que evitam ou amenizam qualquer crise.

Uma das primeiras providências é a formação de comitês de gestão de crise, por setor da organização ou por tipo de crise.

Formam esse comitê responsáveis por decisões gerenciais (diretores, gerentes, chefes, coordenadores etc.) e profissionais envolvidos em algum risco.

Esse comitê planeja e executa, se necessário, o plano de crises.

É responsável por assessorar a alta administração na tomada de decisões, em questões pertinentes ao contexto da crise.

A previsibilidade é resultado da avaliação das crises mais prováveis, decorrentes de riscos iminentes.

Definido as possíveis crises, os membros do comitê buscam formas de conduzir ações para minimizar os conflitos, preservar a harmonia, o patrimônio e a reputação da organização.

Plano de contingência de crise

O plano de crise estima o momento, designa os profissionais e a maneira como se comportar em cada situação de crise.

Esse plano de contingência é um guia prático de respostas e busca o comprometimento de todos na organização e não somente quando o evento crítico ocorre.

Prepara documentos de informação, a exemplo de *position paper*, e compilação de dados que podem ser úteis no momento da crise.

Trata-se de um conjunto de medidas, posturas e consensos na forma de pensar estrategicamente.

O plano apresenta, de forma lógica e concisa, os passos e as ações para quando um problema ocorrer ou for iminente.

Ele mapeia os riscos que podem se transformar em crise.

Também são realizados exercícios de simulação e treinamentos.

Esse plano pode determinar como a posição da organização pode ser fortalecida durante a crise.

Estrutura do manual de gestão de crise

Forni (2015) indica os tópicos e a estrutura de um manual para o gerenciamento de crise:

- Introdução, com a apresentação e os objetivos da publicação e seu uso;
- Definição de crise, com foco nas atividades da organização, relacionando os tipos e as diferenças entre crise, problema e emergência;
- Descrição resumida de procedimentos no caso de uma crise, sua origem, ameaças e grau de risco;
- Comitê de crise: hierarquia, nomes, cargos e contatos, com a descrição dos papéis e das responsabilidades dos membros;

- Públicos: grupos intervenientes, como defesa civil e órgãos de emergência (polícia, bombeiros, hospitais) e grupos de interesse (*stakeholders*), entre eles os funcionários, usuários etc.
- Comunicação: resumo das mensagens e informações da posição da organização (*position paper*);
- Recursos materiais: sala de situação, formulários e suportes;
- Relações com a mídia: procedimentos de relacionamento com a mídia, fonte ou porta-voz, notas oficiais, locais de entrevistas, relação de jornalistas (*mailing list*);
- Banco de dados: informações básicas da organização, nomes e contatos dos dirigentes;
- Relações externas: interlocutores externos (autoridades, emergência, fornecedores;
- Norma interna sobre crises, inclusive confidenciais.

Durante a crise, a regra é dizer a verdade

Quando uma crise ocorre, o comitê atua para gerenciar os acontecimentos e evitar os improvisos. É hora de reagir.

Esse grupo avalia a gravidade do incidente e divide as tarefas de primeiro momento, visando manter o controle da situação.

Concomitantemente ao momento de fragilidade, a organização continua sua rotina, quando possível.

A primeira atitude na eclosão da crise é a empatia, ou seja, pôr-se no lugar dos atingidos.

Os especialistas recomendam a seleção de um único dirigente para liderar a gestão da crise, alguém com credibilidade e notoriedade perante o público.

A regra básica é dizer a verdade e assumir a responsabilidade pela correção da situação, mesmo que não se tenha uma solução imediata.

Esta postura torna o posicionamento coerente e evita as retratações.

As orientações são diversas e abrangentes, mas o bom senso, a análise da situação e o correto controle podem reverter ou abrandar a situação.

Após a crise é hora de avaliar

Depois de todo o desgaste sofrido, o trabalho não cessa.

Esse momento serve para refletir, com base nos dados coletados, sobre os benefícios e malefícios causados pela crise, seus reflexos na opinião pública.

São estabelecidos os meios de resgatar conceitos perdidos e, ainda, rever o planejamento juntamente com o comitê.

É oportuno para realizar um levantamento de todas as ações que foram realizadas durante a crise, e determinar indicadores para caracterizar o desempenho da operacionalização do plano.

Segundo Castro Neves (2002) é hora de fazer o seguinte: "Documente, a documentação é fundamental. Avalie quanto custou a crise. Reconheça os heróis. Comunique-se com os demais envolvidos. Faça tudo que prometeu fazer".

Nesse momento, a análise de todos os aspectos negativos de uma crise é muito importante.

Isso visa aprimorar e corrigir determinados aspectos, modificar e ajustar estratégias.

Permite também verificar o desempenho da organização durante a crise, como administrou, onde deve melhorar, e que aspectos dos relacionamentos com seus públicos devem ser revistos.

A internet amplifica a crise

A internet tem um impacto direto nas práticas de gestão de crises, agravando os efeitos, ameaças à reputação e na forma de comunicação.

Nas redes sociais digitais as crises acontecem quase em tempo real.

Por democratizar as opiniões, como mídia social e cidadã, ela agrava as crises.

Rumores, denúncias, protestos, boatos e outros ruídos incendeiam uma crise imediatamente. As versões se espalham espantosamente.

Os blogueiros assumem o papel de repórteres investigativos.

Os internautas fotografam, filmam e postam conteúdos contundentes.

E os "memes" expõem as tragédias com humor e irreverência.

Toda estratégia de resposta à crise precisa ser revista e exige agilidade e transparência.

É nessa hora que aparecem sites desatualizados, canais de comunicação que não se comunicam, "fale conosco" surdos e mudos.

Em contrapartida, a internet pode ter grande utilidade para as organizações na crise.

Desde que se saiba utilizar as informações no site, os diálogos nas redes sociais e o filtro nos e-mails.

A versão oficial abre uma linha direta de entendimento com a sociedade e públicos específicos.

A comunicação não gerencia a crise sozinha

De acordo com Forni (2015), a comunicação é um dos importantes pilares da gerência de crise, pois auxilia a organização ou governo a amenizar a repercussão.

A gestão da crise deve ser feita por um profissional com grande autonomia para tomar decisões.

Um dos papéis mais importantes é o do profissional de comunicação.

Do trabalho dele depende a maneira como a sociedade vai ser informada e ter a percepção da situação.

A organização tem que fazer sua parte rapidamente, de forma transparente e administrar todos os passivos gerados por uma crise.

A comunicação participa de todas as etapas: antes, durante e depois do ocorrido.

A evolução do seu papel passou de "apagar fogo" para "prevenir incêndios", de bombeiro a gestor de risco.

Antes, na prevenção da crise; durante, atuando na linha de frente para amenizar os seus efeitos; e depois, na análise e aprendizagem.

Na linha de frente

Se a abordagem for de um assunto negativo, deve-se acionar a assessoria de imprensa ou o respectivo comitê de contingência.

Em uma crise a fonte se previna para perguntas impertinentes e constrangedoras, preparando respostas convincentes e definitivas.

Também participara de uma simulação de entrevista prévia para testar as possíveis perguntas e a qualidade das respostas.

O ideal é fornecer fatos e dados concretos, para evitar especulações, boatos e informações dúbias.

A fonte não deve se esquivar de qualquer pergunta. Caso não tenha a resposta, esclarece que verificará e retornará o quanto antes.

Ela não opina sobre assuntos que não sejam da sua alçada e interesse da organização. Mas é preciso explicar isso.

O objetivo é evitar que o repórter busque em outras fontes especulações sobre o tema.

Uma regra é clara: jamais cooptar jornalistas, seja para dar uma informação favorável ou evitá-la.

Position paper

No *position paper* – artigo sobre uma posição – constam informações sobre a posição de uma organização em relação a determinado assunto ou circunstância.

Trata-se de um texto objetivo e simples, porém com a devida contextualização a ser compreendida por quem não é da área.

Fornece um panorama do problema, com argumentos para solucionar ou tratar a questão.

Auxilia na tomada de decisões importantes.

Serve para padronizar o discurso das fontes na mídia, em relação um assunto relevante.

Também é chamado de *white paper* ou *gold paper*, quando não trata de crises.

Os efeitos colaterais da nota oficial

A nota oficial é um texto usado quando algum acontecimento exige posicionamento ou declaração formal e de caráter oficial da organização.

Em situações-limite, como acidentes ou denúncias, pode-se emitir uma nota oficial, que dá ciência do ocorrido, explica os fatos e informa as providências.

Mas perante os jornalistas e o público denota falta de transparência e de argumentos plausíveis para se defender abertamente na esfera pública.

Comunicados evasivos soam como pura falácia e são vistos como desencargo de uma defesa inexplicável.

Pior ainda quando contém um linguajar técnico, que mais confunde do que esclarece.

Algumas organizações pagam pelo anúncio da nota, a peso de ouro, nos espaços mais caros da mídia, cuja eficácia é duvidosa.

Direito à resposta

Como todas as instituições, a imprensa é falível, mas geralmente não admite seus erros e evita qualquer retificação, embora esta seja um dos princípios do jornalismo.

Dificilmente o erro do repórter é proposital e, às vezes, superestimados pelas fontes.

Se alguma informação for publicada incorretamente, a melhor solução é negociar a correção.

Deve-se propor uma errata ou a publicação de uma nota retificando os dados, mesmo ciente que o espaço da revisão será infinitamente menor.

Mas, é prudente analisar com a assessoria de imprensa a validade de retomar um tema desagradável à organização.

É preferível não invocar a lei em vão. Evitam-se ao máximo as ações judiciais.

O processo judicial deve ser adotado somente se falharem todas as tentativas de um acordo e se o fato gerador tenha causado grande dano à organização.

Considerações finais

A mídia representa parte da sociedade e forma um público estratégico e peculiar.

Os jornalistas são críticos e questionadores por profissão, por isso podem assustar aquelas fontes pouco habituadas às entrevistas.

Fontes preparadas para falar com seus públicos por intermédio da mídia criam e aproveitam oportunidades de divulgação.

Por isso, a importância estratégica do mídia *training* para aprimorar as competências comunicativas das fontes e porta-vozes.

A mídia digital – além da TV, rádio, jornal e revista –, ganha importância nas relações das organizações e das fontes com seus públicos prioritários e a sociedade.

O público deixou de ser passivo. Ele age proativamente, produzindo conteúdos contundentes.

Daí, esse novo mundo exige cada vez mais interlocutores profissionais, capazes de dialogar de forma segura, produtiva e eficaz.

O que é

Abertura – Início de programa jornalístico em que se apresenta os créditos (identificação) dos profissionais da equipe.

Accountability – Do inglês: responsabilização. Prestação de contas das ações e inações pelo governo ao cidadão.

Advocacy – Do inglês: advocacia. Mobilização social para influenciar a formulação de políticas e a alocação de recursos públicos.

All news. Do inglês: totalmente notícias. Emissoras de rádio (CBN, Band News, Jovem Pan e regionais) com programação exclusiva de notícias, reportagens, entrevistas e debates.

Âncora – Apresentador de telejornal ou radiojornal que faz a ligação entre as matérias.

Ângulo – Posição da câmera de vídeo durante uma tomada.

Apócrifo – Texto de autenticidade duvidosa, supostamente falso.

Apuração – Levantamento e checagem de dados e informações para produzir um conteúdo jornalístico.

Articulista – Pessoa que escreve artigos para jornais e revistas.

Artigo – Texto assinado pela fonte, em geral um comentário ou análise de um tema.

Aspas – Declaração inserida em uma matéria, usada em transcrições diretas. Inserção de personagem no texto.

Assinatura – Crédito dado ao autor de uma matéria.

Áudio-release – Informação jornalística, em arquivo digital (*podcasts*), enviado geralmente para emissoras de rádio e mídias digitais.

Auditoria de imagem – Atividade para verificar como os jornalistas e públicos avaliam uma organização ou pessoa.

Background (BG) – Do inglês: fundo, segundo plano. Ruído do ambiente ou música que acompanha a fala do repórter ou apresentador.

Banco de pauta – Informações gerais estruturadas sobre assuntos da organização para a mídia.

Barra de cores – Em inglês: *colorbars*. Barras verticais para teste padrão de cores na televisão.

Barriga – Notícia ou informação falsa, prontamente desmentida.

Bater o branco – Checar o equilíbrio da câmera de TV em uma parede branca ou papel branco.

Boletim de pauta – Conjunto de sugestões de pautas enviadas à mídia.

Cabeça – Conjunto formado pelo título, lide e outros elementos introdutórios, na parte superior de uma matéria. Abertura.

Caco – Frase de improviso que o apresentador usa durante o programa.

Câmera lenta – Em inglês: *slow motion*. Imagens lentas na TV.

Camera man – Do inglês: operador de câmera. Cinegrafista de TV.

Canopla – objeto que se encaixa no microfone, com o logotipo da emissora.

Cartola – O mesmo que retranca ou chapéu. Uma ou mais palavras usadas para definir o assunto da matéria. É usada sobre o título do texto.

Cavar – Apurar com empenho, batalhar pela notícia.

Cena de corte – Imagens gravadas durante a reportagem de TV, usadas na edição final para evitar pulos nos cortes em mudança de imagem de uma fonte geradora para outra.

Chapéu – Palavra ou expressão curta colocada acima de um título.

Chicote – Movimento rápido realizado com a câmera aberta.

Chromakey – Do inglês: chave de cores. Técnica que substitui um fundo, geralmente azul ou verde, por pessoa ou objeto, criando uma fusão de imagens.

Cláusula de consciência – Cláusula no código de ética pela qual nenhum jornalista é obrigado a executar quaisquer tarefas sobre o que não concorda.

Clipping – Do inglês: recorte. Seleção e reunião de comentário, notícia ou informação veiculada.

Cobertura – Presença de jornalistas em determinado evento ou fato para obter informações e produzir conteúdos jornalísticos.

Colega – Modo como os jornalistas se referem uns aos outros.

Colorbars: Do inglês: barras de cores. Base de cores variadas em formato de barras verticais para testar a qualidade da imagem.

Comunicado – Nota oficial sobre o posicionamento de uma organização sobre fatos relevantes.

Congelamento de imagem – Do inglês: *freeze frame*. Campo ou fotograma de vídeo exibido de forma estática.

Contraluz – Iluminação na TV, colocada atrás da pessoa ou objeto para destacar a silhueta e o contorno, respectivamente.

Contraplano – Simulação, por meio de imagem do repórter ou entrevistado, que é gravada para ser utilizada na edição da TV. Gera-se a impressão de uso de duas câmeras.

Cozinhar – Adaptar ou reescrever matéria jornalística publicada em outro veículo.

Crédito – Origem do noticiário, autor ou fonte.

Dália – Cartaz com letras enormes com texto para orientação ou leitura dos apresentadores. Teleprompter (dália eletrônica).

Deadline – Do inglês: prazo final. Prazo máximo de fechamento de material. *Timing*, hora do fechamento.

Delay – Do inglês: retardamento. Áudio que chega com atraso.

Derrubar – Argumentar contra uma pauta, para que ela não vire matéria ou quando outro assunto mais importante ou inesperado substitui matéria anterior.

Editoria – As divisões da estrutura ou seção de conteúdo de uma mídia.

Editorial – Artigo de fundo ou principal, inicial e de opinião de um periódico. Pode ser assinado ou não. Também o conteúdo escrito por um jornalista.

Emplacar – Aprovar uma pauta, fazer a matéria e publicar.

Enquadramento – Posição da lente da câmera da TV em relação à pessoa, objeto ou cena durante a gravação.

Entrevista coletiva – Conferência de imprensa. Informações de uma ou mais fontes à mídia por meio de respostas a um grupo de repórteres.

Enviado especial – Jornalista que se desloca da sede do veículo para fazer a cobertura de determinado acontecimento.

Escalada – As manchetes no início de um telejornal ou radiojornal

Espelho – Ordem de entrada de matérias no telejornal ou radiojornal. Previsão por blocos, inserção de comerciais, chamadas e encerramento.

Esquentar – Publicar matéria velha, porém com uma nova roupagem.

Estourar – Ultrapassagem do tempo preestabelecido.

Faro – Qualidade em perceber um tema para reportagem.

Features – Do inglês: feições. Reportagens especiais construídas a partir de um fato, para abordar situações mais abrangentes.

Foca – Repórter novato, sem experiência da profissão.

Fonte – Pessoa interlocutora de uma organização, de si ou referência, de quem o jornalista obtém informação para transmitir ao público por meio de uma mídia.

Furo – Notícia inédita dada com exclusividade por um veículo.

Gancho – Início de uma matéria para prender a atenção do público e manter o interesse até o final.

Garimpar – Esmiuçar a informação para extrair os pontos de interesse do público.

Gaveta – Matéria fria. Aquela que não requer publicação imediata.

Girafa – Suporte de fixação dos microfones.

Gravata – Frase abaixo do título, que explica o assunto.

Guide paper – Do inglês: texto guia. Mensagem-chave a ser enfatizada pela fonte durante a entrevista.

Hard news – Do inglês: notícia dura. Notícia factual, densa e de grande atualidade.

Imprensa – O jornalismo impresso, notadamente jornal e revista, mas também pode-se entender como o conjunto das mídias.

Informação de cocheira – Expressão antiga sobre a informação obtida em *off*, dada nos bastidores (na cocheira dos cavalos).

Jabá – Presente ou remuneração dada aos jornalistas e à mídia para cooptar ou obter notícia favorável. Jabaculê.

Kit de imprensa – Conjunto de informações sobre a organização e o tema a ser divulgado, entregue previamente aos jornalistas em entrevista.

Lauda – No jornalismo impresso, antiga folha de papel usada para a redação de matérias na máquina de escrever. Termo ainda usado na TV, *script*, papel para as marcações especiais do texto.

Lead (lide) – Abertura da notícia (cabeçalho), geralmente um resumo das principais informações de uma matéria.

Linha fina – Frase abaixo do título na mídia impressa e internet para completar seu sentido ou dar outras informações.

Lobby – Do inglês: antessala. Ação de pessoa ou grupo organizado que tenta influenciar uma decisão do Poder Público, favorável ao seu interesse, causa ou objetivo.

Mailing-list ou *mailing* – Do inglês: lista para correspondência. Relação de nomes e formas de contato de jornalistas.

Marreta – Informe publicitário publicado em formato editorial. Matéria paga. Publieditorial.

Mastigar – Destrinchar, trocar em miúdos, explicar didaticamente.

Matéria – Material preparado ou selecionado reunindo os elementos de um conteúdo jornalístico.

Matéria fria – Notícia que não é do dia. Aquela que não requer publicação imediata. Matéria de gaveta.

Mensagem-chave – Afirmações a serem enfatizadas pela fonte durante a entrevista. *Guide paper*.

Mídia – Do latim (*media*, plural de *medium*): meios, aportuguesado a partir da pronúncia em inglês. Conjunto dos meios de comunicação: jornal, revista, rádio, TV, internet.

Mídia training ou *media training* – Do inglês: treinamento de mídia. Capacitação das fontes de notícias e porta-vozes para entrevista à mídia.

Nariz de cera – Parágrafo introdutório que retarda a entrada no assunto específico do texto. Forma antiga e romanceada de escrever o início da notícia. Substituído pelo lide.

Nota pé – Informação complementar lida pelo apresentador ao final da reportagem.

Nota pelada – Texto sem imagens lido pelo apresentador "ao vivo".

Off ou *off the record* – Do inglês: fora dos registros. Informação de fonte que se mantém anônima.

Olho – Frase destacada sob o título ou no meio da matéria.

Ombudsman – Do sueco: representante do povo. Profissional que recebe críticas, sugestões e reclamações do público e age de forma imparcial na mediação de conflitos entre as partes. Ouvidor.

On ou *On the record* – Do inglês: no registro. Informação com a identificação da fonte.

Ouvir o outro lado – Entrevistar a outra parte envolvida em uma reportagem.

Passagem – Gravação realizada pelo repórter no local do acontecimento. Serve de conectivo entre o *off* e as entrevistas.

Pauta – Conjunto de informações sobre temas variados que constitui o ponto de partida para a produção de conteúdo jornalístico.

Pé – Informação que encerra a reportagem no rádio e TV.

Perfil – Reportagem biográfica que mistura declarações, dados biográficos e comentários sobre o personagem em foco.

Pescoção – Trabalho durante a noite e a madrugada para antecipar material de fim de semana de um jornal diário.

Pingue-pongue – Do inglês (*ping-pong*): onomatopeia. Entrevista com perguntas e respostas curtas.

Pirâmide invertida – Modo de organizar as informações a partir da descrição de certas perguntas (que, quem, quando, onde, como e por que).

Plantar – Fonte que consegue a publicação de uma informação do seu ponto de vista.

Podcast – Do inglês: junção de *pod* (cartucho, cápsula) e *cast* (difusão). Transmissão via internet de programas de rádio. Áudio digital.

Ponto eletrônico – Receptor de áudio no ouvido do apresentador.

Porta-voz – Pessoa que fala oficialmente em nome de uma fonte.

Position paper – Do inglês: artigo sobre uma posição. Informação sobre a posição de uma organização em relação a determinado assunto ou circunstância para padronizar o discurso das fontes em relação a temas polêmicos.

Press kit – Do inglês: informações para a imprensa. Conjunto de informações previamente distribuído aos jornalistas sobre um assunto relevante a ser detalhado em entrevista ou evento. Pode reunir textos, gráficos, tabelas, ilustrações, fotos etc.

Press tour – Do inglês: viagem para jornalistas. Visita monitorada para que os repórteres conheçam melhor as atividades de uma organização.

Produtor – Nas emissoras de rádio e TV, faz a ponte entre o jornalista e a fonte.

Public affairs – Do inglês: assuntos públicos. Trabalho estratégico de comunicação defendendo questões da iniciativa privada junto aos órgãos públicos e políticos.

Publieditorial – Informe publicitário publicado em formato editorial. Matéria paga. Marreta.

Quebra-queixo – Entrevista concedida pela fonte simultaneamente a vários repórteres, que geralmente circundam o entrevistado de maneira pouco organizada.

Release – Do inglês (*press release*): comunicado à imprensa. Material jornalístico distribuído à mídia para sugestão de pauta ou divulgação gratuita. Apresenta a notícia do ponto de vista da fonte.

Retranca – Termo genérico para designar cada unidade de texto em jornal e revista.

Sala de imprensa – Área no site de uma organização específica para jornalistas.

Sonora – Fala do repórter ou do entrevistado em uma reportagem de TV.

Spin doctor – Do inglês: tergiversar, manipular. A expressão designa alguém que tenta influenciar o público, utilizando o viés favorável nas informações apresentadas ao público ou para a mídia.

Stakeholder – Do inglês: público de interesse. Público prioritário (empregados, acionistas, investidores, governos) e partes interessadas de uma organização.

Suíte – A reportagem que explora os desdobramentos de notícia publicada na edição anterior.

Sutiã – Pequena linha de texto sobre ou abaixo do título para destacar informações da matéria. Linha fina.

Switch – Do inglês: interrupção, controle. Sala do sonoplasta, editor do telejornal e diretor de TV. Sala (*switcher*) ou mesa de controle de um programa no ar.

Take – Do inglês: tomada. Captação de uma cena na TV.

Teaser – Do inglês: provocação. Pequena chamada de uma notícia.

Teleprompter (TP) – Do inglês: teleponto. Tela com o texto a ser lido pelo apresentador. "Dália".

Veículo – Mídia, meios de comunicação eletrônico (rádio, TV), impresso (jornal, revista) e digital (internet).

Vídeo-release – Informação jornalística, em arquivo digital de vídeo, enviado geralmente o setor de telejornalismo das emissoras de televisão

Viúva – Palavra que fica sozinha na última linha de um parágrafo.

Referências

BAHIANA, Ana Maria. *A informação desencarnada*. Comunique-se, 2015.

BARBEIRO, Heródoto. *Mídia training: como usar a mídia a seu favor*. 3. ed. Benvirá, 2015.

BERNSTEIN, Jonathan. *Manager's guide to crisis management*. McGraw-Hill, 2011.

BUENO, Wilson da Costa. *Comunicação empresarial da rádio peão às mídias sociais*. Metodista, 2014.

BUENO, Wilson da Costa. *Comunicação empresarial: políticas e estratégias*. Saraiva, 2009.

CHAPARRO, Manuel Carlos. *Cem anos de assessoria de imprensa*. In: DUARTE, Jorge. Assessoria de imprensa e relacionamento com a mídia. 5. ed. Atlas, 2018.

CHAPARRO, Manuel Carlos. *Pragmática do jornalismo: buscas práticas para uma teoria da ação jornalística*. Summus, 2007.

COMUNIQUE-SE. *Assessoria de imprensa na visão do jornalista*, 2017.

DUARTE, Jorge. *Pequeno guia de relacionamento com a imprensa para fontes da área pública*. In: SEABRA, Roberto; SOUSA, Vivaldo (Org.). Jornalismo político. Record, 2006.

DUARTE, Jorge. *Release: história, técnica, usos e abusos*. In: DUARTE, Jorge (Org.) Assessoria de imprensa e relacionamento com a mídia. 5. ed. Atlas, 2018.

DUARTE, Jorge; CARVALHO, Nino. *Sala de imprensa on-line*. In: DUARTE, Jorge (Org.) Assessoria de imprensa e relacionamento com a mídia. 5. ed. Atlas, 2018.

DUARTE, Jorge; FARIA, Armando Medeiros. *Media training: capacitando fontes e porta-vozes*. In: DUARTE, Jorge (Org.) Assessoria de imprensa e relacionamento com a mídia. 5. ed. Atlas, 2018.

DUARTE, Jorge; FONSECA JÚNIOR, Wilson Corrêa. *Relacionamento fonte/jornalista*. In: DUARTE, Jorge (Org.) Assessoria de imprensa e relacionamento com a mídia. 5. ed. Atlas, 2018.

ERBOLATO, Mário. *Dicionário da propaganda e do jornalismo*. Edição do autor, 2016.

FOLHA DE S. PAULO. *Manual da redação*. Publifolha, 2018.

FORNI, João José. *Gestão de crise e comunicação*. 2. ed. Atlas, 2015.

HOLENBERG, John. *O jornalista profissional*. Interamericana, 1981.

KOVACH, Bill; ROSENTIEL, Tom. *The elements of journalism*. 3. ed. Three Reviers Press, 2014.

LIMA, Gerson Moreira. *Releasemania: uma contribuição para o estudo do press release no Brasil*. 4. ed. Summus, 1985.

MAFEI, Maristela. *Assessoria de imprensa: como se relacionar com a mídia*. 4. ed. Contexto, 2012.

MITROFF, Ian. *Technology run amok: crisis management in the digital age*. Palgrave Macmillan, 2019.

MONTEIRO, Graça F. *A notícia institucional*. In: DUARTE, Jorge (Org.) Assessoria de imprensa e relacionamento com a mídia. 5. ed. Atlas, 2018.

MOTTA, Luiz Gonzaga. *Imprensa e poder*. UnB, 2012.

NEVES, Roberto de Castro. *Crises empresariais com a opinião pública*. Mauad, 2002.

OLIVEIRA, Janete. *O outro lado do media training: o que dizem os jornalistas?* In: LUCAS, Luciane. Media training. Summus, 2007.

PERFIL DO JORNALISTA BRASILEIRO. UFSC, 2013.

SCHMITZ, Aldo. *Fontes de notícias: ações e estratégias das fontes no jornalismo*. Combook, 2014.

SCHMITZ, Aldo. *Jornalista a serviço das fontes*. Combook, 2016.

SHINYASHIKI, Roberto; FISCHER, Rosa; SHINYASHIKI, Gilberto. *A importância de um sistema integrado de ações na gestão de crises*. Organicom, v. 4, n. 6, 2007.

TORQUATO, Gaudêncio. *Tratado de comunicação organizacional e política*. 2. ed. Cengage, 2010.

TRAQUINA, Nelson. *Jornalismo, questões, teorias e "estórias"*. Insular, 2016.

O autor

Aldo Schmitz

Ministra mídia *training* desde 1999. É jornalista, com doutorado e mestrado em jornalismo (UFSC). Tem pós-graduação em gestão da comunicação e educação a distância. É autor dos livros *Fontes de notícias, Jornalista a serviço das fontes, Manual de jornalismo, Manual de comunicação organizacional (org.)* e *Agência de comunicação*

- aldoschmitz@gmail.com – (48) 99164-2497
- LinkedIn: http://linkedin.com/in/aldoschmitz
- Currículo Lattes: http://lattes.cnpq.br/3279938336818732

Para contratar

Workshop in company de mídia training

OBJETIVO

Capacitar os gestores (fontes e porta-vozes) para aprimorar o seu desempenho nas entrevistas e no relacionamento com a mídia, de forma segura e produtiva.

DESCRIÇÃO

O conteúdo programático (dicas e orientações) articula com simulações de entrevistas (duas por participante), gravadas em vídeo durante *workshop* e análises de cada desempenho pelos instrutores.

PROGRAMA

Exercícios práticos:

- Gravações de simulações de entrevistas customizadas com temas relacionados ao cargo de cada participante;

- Orientações e dicas sobre o conteúdo da fala e a forma: postura, dicção, apresentação pessoal;

- Entrevistas por tipo de mídia, com ênfase no vídeo (TV, internet);

- Avaliações individuais e coletiva com observações práticas sobre cada desempenho.

Conteúdo teórico:

- A importância do relacionamento contínuo com a imprensa;

- As diferentes linguagens por tipo de mídia;

- Os impactos das mídias digitais (redes sociais);

- Perfil dos jornalistas e como agem;

- Apresentação de pesquisas (o que os jornalistas esperam das fontes);

- A construção e uso de mensagens-chave;

- Os papéis das fontes e dos porta-vozes;

- O que fazer antes, durante e depois das entrevistas;

• Como prevenir e agir em situações de crise na mídia;

• Exibição de vídeos com depoimentos de fontes, jornalistas e especialistas.

MATERIAIS, EQUIPAMENTOS E INFRAESTRUTURA

Fornecidos pela organização contratante

• Perfil dos participantes: nome, cargo, formação, experiência profissional e de relações com a mídia (subsídios para as simulações de entrevistas);

• *Clipping* de notícias: impresso e vídeo;

• Projetor multimídia, caixa de som (depende do ambiente) e aparelho de TV digital;

• Sala para o treinamento e um ambiente para as gravações das simulações das entrevistas;

• *Coffee breaks*.

Fornecidos pelos ministrantes:

• Equipamentos de gravação (câmara, microfone, tripé) e de apresentação (notebook)

• Blocos de anotações e canetas;

• Livro impresso *Mídia training*, de Aldo Schmitz;

• Certificados de participação;

• Pagamentos aos instrutores.

Instrutores: Aldo Schmitz, Geraldo Lion e Thaiz Didoné

Site Mídia training: www.midiatraining.com.br

Para contratar: aldo@iscom.com.br – (48) 99164-2497